信息科学导论
——系统、控制与信息

张传武　代雨婷　编著

科 学 出 版 社
北 京

内 容 简 介

　　本书系统介绍了信息科学的基础概念和原理，内容包括：认知、系统论、控制论与信息论，信号、元器件与电路，处理器信息处理架构与开放系统互联参考模型，工程伦理与系统工程。

　　本书可以作为高等院校电气信息类与计算机类专业信息科学导引教材，也可以作为其他理工科类专业信息科学导引的参考书。

图书在版编目（CIP）数据

信息科学导论：系统、控制与信息 / 张传武，代雨婷编著. —北京：科学出版社，2023.1

ISBN 978-7-03-073432-7

Ⅰ.①信⋯　Ⅱ.①张⋯　②代⋯　Ⅲ.①信息学－高等学校－教材　Ⅳ.①G201

中国版本图书馆 CIP 数据核字（2022）第 189944 号

责任编辑：叶苏苏　程雷星 / 责任校对：王　瑞
责任印制：罗　科 / 封面设计：墨创文化

科 学 出 版 社 出版
北京东黄城根北街 16 号
邮政编码：100717
http://www.sciencep.com

成都锦瑞印刷有限责任公司 印刷
科学出版社发行　各地新华书店经销

*

2023 年 1 月第　一　版　　开本：720 × 1000　1/16
2023 年 1 月第一次印刷　　印张：8
字数：166 000

定价：119.00 元
（如有印装质量问题，我社负责调换）

前　　言

本书首先从主体人的认知开始讲述思维及其概念体系，思维与逻辑、理性的关系，以及思维的范式和认知的科学方法。其次，在介绍系统论、控制论和信息论的基础上，以信息、编码（消息）、信号与电路、处理器信息处理架构和开放系统互联参考模型为对象，分析和理解电子信息系统的基本概念和基础原理。最后，在简述电子信息系统等与工程系统相关的工程伦理议题后，从系统工程的视角分析、研究电子信息系统的设计与实现，以应用电子信息相关方法、原理与技术分析、解决实际问题，从而为设计、实现电子信息系统奠定基础。

本书内容由三部分组成：

（1）认知、系统论、控制论与信息论，即第 1～4 章，主要介绍了主体人的认知与思维的逻辑、理性，一般系统论方法，一般控制论方法，以及狭义信息论。

（2）信号、元器件、电路与系统，即第 5～7 章，主要介绍了信号、元器件与电路，处理器信息处理架构，以及开放系统互联参考模型。

（3）系统分析与设计，即第 8～9 章，主要介绍了系统分析中的工程伦理和系统工程。

本书由张传武主编，统筹全书。代雨婷参与编著了第 3 章、第 4 章 4.3～4.5 节、第 6 章、第 7 章 7.1～7.3 节、第 8 章、第 9 章 9.2～9.9 节。

本书在出版中得到西南民族大学国家一流专业（电子信息工程）的支持，在此表示诚挚的谢意。

由于作者水平所限，书中难免有疏漏和不当之处，恳请读者批评指正。

作　者

2022 年 10 月于成都

目　　录

第1章 认　　知

1.1 引　　言

哲学将实践确认为人类与世界的关系的基础[1]，因此人类社会的发展史是人类认识和改造环境乃至世界的实践历史；人类通过科学方法归纳、总结知识而达到认识环境乃至世界的目的，通过演绎等应用知识而达到改造环境乃至世界的目的。人类获取知识及其理解知识的精神活动过程称为认知。具体而言，认知是反映主体人对其感官受体的感觉信号（sense/sensation）、经验（experience）和思想（thought）的思维过程。正如笛卡儿的"我思故我在"所讲，哲学意义上的思维是人类存在的基础[2]。

主体人的认知以自然人的生理为基础，以思维的假设（理性）为条件，以思维的逻辑为主体，以主体输入的客体属性状态信息为内容，以主体人对客体对象的控制、协同为目的，从而实现主体适应环境这一宗旨。

1.2 认知的生理基础

主体人对世界的感知从人体感受器将物理化学刺激转换为神经冲动开始，再由神经系统传导到大脑皮层的感觉中枢。所以人体感受器对物理化学刺激的感知、神经系统对神经脉冲信号的传导、大脑皮层对神经脉冲信号的存储和处理成为人类大脑认知的物理基础。人体感受器分为体内感受器和体外感受器：体内感受器主要感知内脏器官的物理、化学刺激；而体外感受器包括眼、耳、鼻、舌、皮肤，主要感知外部环境的物理、化学刺激。人体感受器对刺激的感觉是认知的前提。

Hebb提出的Hebbian突触可塑性假说认为刺激作用在突触前会使突触连接效率发生改变，从而改变突触后电位的幅度[3-4]。突触可塑性分为短时程突触可塑性和长时程突触可塑性。短时程突触可塑性会显著地改变突触的模式选择性和突触间的信息传递[5]，对神经网络的群体活动具有重要的调控作用[6]；长时程突触可塑性的增强效应与哺乳动物大脑学习记忆的机制有关[7]。因此，突触可塑性被认为与学习、记忆等高级神经元活动有关[8]，且突触活动的可塑性调节被认为是动物学习记忆活动的基本神经生理学机制[9]。这说明认知具有神经生理学基础和训练有助于认知发展（对人类的各种器官的协调训练有助于增强人类的认知）。

从无机物的反应特性到低等生物的刺激感应特性，再到高等动物感觉心理，最后到人类的意识，形成人类认知的演化基础。

1.3　认知的思维

思维的基本形式为概念、判断和推理[10]。概念是人脑反映思维对象（事物/现象）整体本质属性的思维形式[11]，为判断和推理等提供素材，概念（事物/现象的本质特征）的定义即对反映概念的内涵和外延的描述（定性与定量）。判断是断定思维对象（利用概念）的性质、关系、模态等的思维形式，阐明对象、反映事物之间的联系或关系，为推理提供素材。推理是根据判断之间的相互关系推出知识、阐述对象、科学预见的思维形式，主要包括归纳（科学）、演绎（必然推理）与类比（相似性推出）。在概念到判断、判断到推理，然后概括出基本范畴、构建逻辑范畴系统中，思维（辩证思维）起到了决定性作用。主体内在的思维形式需要借助主体的语言或文字进行交流。

主体认知的目的是在对环境有效认识、可靠把握基础上的适应性生存和更好的生活，其关键体现在思维结果的正确性要求上。以思维的假设（理性）为条件，以思维的逻辑为主体，以主体输入的客体属性状态信息为内容，以主体人对客体的控制、协同为目的，从而达到主体适应环境这一宗旨。

图 1-1 为思维过程示意图。

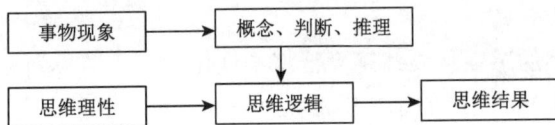

图 1-1　思维过程示意图

在思维过程示意图中，思维结果的正确性源于思维起点的理性假设即思维理性、事物现象相关信息的客观描述和思维过程的逻辑性推理即思维逻辑。

1.3.1　概念

概念是认知在感知和思维的过程下产生的一种意识（另一种是表象）。黑格尔强调，"没有经过思维且未被概念表达的对象仅仅是一个表象，只有经过思维且被概念表达的对象才是其规定的含义"[12]。认知主要包括感知（感觉、知觉、记忆）和思维等过程；表象意识为概念的抽象与构造提供客体对象，概念意识对表象进一步抽象从而构造出概念。人类通过表象和概念的形式反映客体对象及其相互作用的认知（表征思想的概念体系）来认识世界，从而实现"从生活在地球上开始，人类就意识到为更好生活而需要认识和把握其生活环境中的一切事物"。认知的生理基础说明感知可以通过对各种器官的协调训练来增强，同时这也是思维抽象概念系统的基础。

在认知过程中，概念是将感知表象的共同本质抽取出来概括而成的思维元素，概念一般由语言、文字表达，但概念是关于事物本身的描述，而非描述的词语，是抓住事物本质，即反映事物组成元素及其相互作用的定义。概念包括其内涵（intension/connotation）和外延（extension/denotation），内涵反映对象的属性（property），外延指具有其内涵属性的对象范围。概念的定义与视角、层次相关。从逻辑视角看，内涵约束最少的概念的外延（类）最广；每对内涵引入一个约束条件时，其概念的层次就进一步具体规范一层，从而进一步扩大概念的范围限制；对概念内涵的限定进程确定了由概念确定的对象的分类进程，从而形成对象的分类（含元素组成与相互作用等）。按对象属性分类是研究宇宙本性（存在性）本体论（ontology）的一个重要方向；按照对象属性分类构建的概念体系是本体论的一个重要反映。

1.3.2　思维的逻辑

逻辑（形式逻辑）是思维的工具，自亚里士多德以来其占据思维科学的重要位置[13-14]。在由概念组成判断、用判断组成推理的过程中，思维需要遵循一定的形式逻辑。推理主要包括：断定前提与结论之间有必然关系，即演绎推理（deduction，三段论、假言推理、选言推理、关系推理）；断定前提与结论之间有或然关系，即归纳推理（induction，完全归纳法、不完全归纳法-科学归纳法、不完全归纳法-枚举法）；推理到最佳解释的溯因推理（abduction）。推理时需要遵循基本的形式逻辑。面对未知事物，在不知道其事件样本与概率空间的情况下采用科学归纳法。采用推理的论证不仅需要遵循推理所需的基本形式逻辑，还需判断论据的真实性，进而才能判断论题的真实性。在这些思维过程中，思维的形式逻辑需要遵循同一律、矛盾律、排中律和充足理由律。

（1）同一律：同一个概念在逻辑推理中，概念的内涵、外延与判断等不能发生变化，即 A 是 A。

（2）矛盾律：同一思维过程中的两个矛盾思想不能同真、必有一假（可以同假），即 A 不是非 A。矛盾律拒绝已有元素跨界。

（3）排中律：同一思维过程中的两个矛盾思想不能同假、必有一真（可以同真），即 A 是 B 或非 B。对于两个构成全集的子集，拒绝其他元素加入。

（4）充足理由律：当根据前提推导出结论时，理由必须充分。

1.3.3　思维的理性

思维结果的正确性与思维起点的理性假设有关。由于思维是主体对客体从未知到已知的认知过程，因此思维的理性处于客体对象已知与未知的边缘。将思维的起点恰当、正确地建立在主体对客体对象已知与未知的边缘上关系思维结果的正确性，因此以更多已知的思维结果为思维的起点去推测未知在一定程度上便意味着更理性的思维，这是否意味着更加理性的信仰？对主体所处的环境、世界的测量能有效加深主体认知客体的程度，从而该认知可能更加明晰已知与未知的边缘，从而增加认知起点的置信度。

1.4　认　知　范　式

认知范式是主体人认识客体世界的特定视角、思维方式和概念体系。人类的认知范式源于人类社会的实践，并随人类社会的演化而发展。在人类的认知进程（逻辑）中涉及的要素主要包括：外界客体，主体及其认知机制，知识即主体对客体的认知思维结果，主体对真的判断标准，主体间的合作、交流机制（如语言文字）等。

在认知之初，农耕时代的人类利用自然的方式决定了其认知范式的核心是认知进程中的客体，探求"世界是什么"的本体论（世界论）范式；工业革命时代，人类对自然的改造成就使人类关注认知进程中的思维方式及其知识的认识论问题，出现了对认识对象的可测性及其客体知识、程度和方法进行研究的认识论（意识论）范式；随着知识发展对其载体语言的要求，出现了通过语言的逻辑分析和语义分析来确定和明晰哲学思想的语言学范式；认知进程中自我意识以价值判断为核心的心理情感/心向预期的导引出现，推动了价值论范式的出现；随着哲学的发展，人类逐步意识到认知的基础和前提条件是人类的存在和人类的生活，由此出现人类学范式的研究。

人类认知的结果是获得知识，正如英国经验主义的代表洛克所说，"我们的全部知识是建立在经验上面的"[15]；因为人类的认知范式都是源自人类实践的，是人类采用科学方法总结出来的。

1.4.1　世界观

人类的基本假设（视角和信仰）和思维方式决定其世界观的基础即对世界的

认识方式，进一步决定世界观的本质，即思维反映世界的概念及其关系体系。世界观包含本体论（唯物论与唯心论）、认识论（可知论与不可知论）、方法论（辩证法与形而上学）。人类对世界的基本认识中最基础的问题是"物质与意识、存在和思维"的关系，根据其本原的回答分为唯物论与唯心论，唯物辩证法认为物质是本原，物质决定意识，意识反映物质，意识对物质具有能动的反作用；根据世界是否可以被认识分为可知论与不可知论；根据事物运动的原因是内部或外部、事物是否相互联系与变化发展、是否需要系统和全面看待问题，将其分为辩证法与形而上学。

1.4.2 人生观

人生观是指对人生的看法，也就是对人类生存的目的、价值和意义的看法。人生观是由世界观决定的。人生观是一定社会或阶级的意识形态，是一定社会历史条件和社会关系的产物。《孟子·尽心章句上》中"穷则独善其身，达则兼济天下"体现了一种互助协作的人生观。

1.4.3 价值观

价值观是对价值的性质、构成、标准和评价的看法；价值观主要从主体需求、客体能否满足主体需求和客体如何满足主体需求等视角来考察和评价各种物质的、精神/意识的现象，以及主体行为对个人、阶级、社会的意义；本体论中"人类对终极存在的探究蕴含了人类对自身终极价值（衡量人类思想和行为的标准）的追求"。

1.5　科学研究方法

从主体对客体的问题视角看，方法论可分为朴素整体论、还原论和系统论。从主体思维逻辑看，方法论是人类认识、改造世界的方法理论，即用什么方法观察、分析和处理问题。近代方法论源于培根的经验归纳法（实验方法与归纳逻辑）和笛卡儿的理性演绎法（数学方法与演绎逻辑）。方法论从层次上分为哲学方法论（认识世界和改造世界的唯物辩证法）、一般方法论（适用于多领域的从个别到一般的归纳逻辑和从一般到个别的演绎逻辑）和具体方法论。

科学研究方法属于一般方法论中的归纳逻辑方法，其研究过程包括观察现象、归纳假设、设计实验、实验观察、分析验证、提出理论。现有知识体系中的知识主要来源于科学研究方法。

1.6 小 结

主体人的认知具有其生理基础；人将外界客体反映经表象、抽象为概念，思维是对概念进行判断、推理；思维理性和思维逻辑是对概念的思维处理正确的必要保障。主体对客体的认知范式决定了主体的世界观、人生观和价值观。科学研究方法是人类知识来源的重要途径。

第2章 系 统 论

2.1 引 言

特定问题（如宇宙）的思考有不同的视角，作为"存在"（being）最为基础的时间（time）自然成为宇宙问题视角的首要考虑对象。牛顿时空几何结构反映了人类对时间的思考，即从时间视角看现实世界可以分为三种：现在主义（presentism）指导下包含现在的现世论（nowism）模型；可能主义（possibilism）指导下包含过去和现在的树形模型（tree model）；永恒主义（eternalism）指导下包含过去、现在和将来的块状宇宙（block universe）模型。

存在与演化（becoming）是对世界本质思考的两种宇宙观，其分别代表现在主义和可能主义两种基本观，这也是构建科学范式的基础。系统论包括一般系统论，即系统存在论和系统演化论两个阶段：系统存在论是基于存在的理论，而系统演化论则是基于演化的理论。

2.2 一般系统论

一般系统论主要从存在视角分析系统。"系统"源于人类的社会实践，存在于自然界、人类社会和人类思维描述的各领域；对于不同主体、不同视角而言，系统具有不同的含义。从系统基本特征角度看，系统是由相互联系/相互作用的多元素组成的、对外界具有特定功能的有机整体。系统的一种基本定义为

$$S = \{E, R\} \tag{2-1}$$

式中，E（elements）为系统组成元素/要素；R（relationship）为系统元素之间的关系；S（system）为系统的功能。

也有人将环境 O（object）纳入系统范畴考虑的因素，此时系统可定义为

$$S = \{E, R, O\} \tag{2-2}$$

系统具有元素关联性、功能整体性、结构层次性、环境适应性和结果目的（目标）性。

数学同构是具有自返性、对称性和传递性的等价关系，而数学同态只具有自返性和传递性（由于缺乏对称性而只用于模型的分类与简化，其不能划分等价类）。

一般系统的方法论基础和理论依据是"具有同构数学模型的不同系统可以采用相同方法进行分析"。

2.2.1 元素关联性

系统元素之间具有关联性，即元素之间具有相互联系、相互作用的关系，元素关联性是系统结构问题的基础。

具有某种功能的系统由元素及其相互作用来实现，两者的变化都将导致系统功能的变化；相同的功能可能由不同元素及其相互作用来实现，相同元素之间的不同作用会导致不同的功能。因此，选择特定元素、调节元素之间的关系而获取最佳的系统功能是系统分析与综合的目的。

2.2.2 功能整体性

系统各层次内部元素之间的相互作用涌现出系统功能，层次内部相互作用的这些元素是一个有机整体，功能整体性体现出系统的元素与整体、整体与环境之间的关联性。

功能整体性中的涌现性表现在系统大于部分之和，其本质是数量的边界效应导致功能的涌现；具有涌现性特征的功能整体性在割裂系统元素与整体、整体与环境之间联系的情况下是无法呈现的。

2.2.3 结构层次性

系统的结构层次性是指系统元素属于系统结构的某一层次，这些元素之间按照整体与局部的关系形成由不同质态的分系统分层组成的结构化系统，各层次元素的相互作用构成系统关联的层次化局部运动特性，即系统层次化局部功能。

系统的结构层次性体现了系统的复杂程度，每一层相对于其下一层元素而言可视为系统，同时该层相对于上一层而言可视为子系统。因此，系统的概念及其与环境之间的边界是随问题视角而变化的。

2.2.4 环境适应性

存在于环境中的系统在其生命周期中需要与外界进行物质、能量和信息的交换；环境变化主要指系统与环境交换的物质、能量和信息的变化性。自组织系统为改善系统与环境之间的关系需要随环境变化而调节其功能与结构。

复杂适应系统（complex adaptive system，CAS）理论观点是"适应性造就复杂性"，其就是从系统外部的环境探讨系统自组织特性出现的机理。

2.2.5 结果目的（目标）性

结果目的（目标）性是指系统运行中表现出向预先确定状态或系统所需要实现的结果的趋向性（人造系统的目的性是主体根据实践需要确定的），这些结果可以采用指标树的形式表示。系统的目标、系统的功能、系统元素之间的相互作用都必须首先从系统整体性出发。

系统目的由系统行为体现；系统行为是系统功能的外部表现，是系统为适应环境变化而做出的有意义的、目的性选择的表现。

2.2.6 结构与功能

系统结构是系统中组分/元素之间因果（数学和逻辑关系）关联的物理形式，表现为网状（树状为网状的特殊情况）结构；系统组织是指结构实现中的物理组分。系统结构进一步划分为静态的系统框架结构（物质）和动态的运行结构（能量），从时间、空间上又可分为时间结构、空间结构和时空关联结构。

系统功能（由系统目的性即行为引起）是系统以其相应结构"处理"系统环境输入系统的物质、能量和信息，并向环境输出物质、能量和信息的变换作用。系统性能指系统内部组分间相互联系及与外界环境联系过程中表现出的功能的特性与能力。

结构是从系统的内部描述系统的整体性质，而功能是从系统的外部描述系统的整体性质。结构与功能的关系是相对的、可变的，结构决定功能，功能反作用于结构，两者之间形成耦合关联。

2.3 系统演化论

物质世界不仅具有其存在方式，还有其演化方式。自组织理论从系统内部因素及其关系分析物质世界的演化机制，即自组织原理，而复杂性理论则从系统外部环境与系统相互作用的关系分析系统的演化机制。自组织理论从系统内部要素的视角分析系统功能的涌现机理，主要经历了耗散结构理论、协同学、超循环理论和突变论等；复杂性理论从系统外部环境的视角分析系统功能的涌现机理，复杂性理论的典型代表是复杂适应系统理论（CAS）。

2.3.1　自组织理论

系统仅依靠系统内部元素之间的相互作用而形成其空间、时间、功能的结构时，称其为自组织；而如果在形成过程中是受外界施加的作用或影响而形成的，则称为他组织。自组织是系统在一定环境下易于存在与稳定的状态。物理、化学中存在的贝纳尔对流（Benard convection）、贝洛索夫-扎布金斯基（B-Z）反应、气体激光器等自组织现象是稳定的状态。

自组织理论是自组织现象的内部机制，是主体人在对自组织现象进行分析、研究基础上提出的系统内部的自组织机制。自组织现象形成主要包括以下条件。

（1）系统为开放系统：要使系统向有序方向发展，系统必须与外界进行物质、能量和信息的交换，即系统必须开放。

（2）系统状态为远离平衡态：热力学意义的系统平衡态是系统经过无限长时间形成的均匀无序的稳定状态，系统只有远离平衡态才可能形成有序状态。

（3）非线性相互作用：满足叠加定理的线性作用无法体现系统的涌现功能，只有在非线性相互作用下才能涌现出系统功能。

（4）涨落现象：只有在系统元素涨落（可能受外界环境影响）的情况下、由系统非线性相互作用才能驱动原有的系统平衡态向自组织形态发展。自组织模式主要有自创生、自复制、自生长、自适应等。

1. 耗散结构理论

耗散结构理论于 1969 年由普利高津（Ilya Romanovich Prigogine）在"理论物理学和生物学"国际会议上提出，其是探索非平衡自组织理论和复杂性科学群的重要知识之一。耗散结构理论认为：在开放系统中，在远离平衡态和非线性作用的情况下，通过涨落，系统会从无序自发走向有序，其引入负熵来减少系统的内熵，从而将复杂性从生物学拓展到物理学。

2. 协同学

协同学是哈肯提出的，主要研究开放系统中大量子系统之间相互作用的整体合作效应。哈肯认为，复杂系统研究经历了热力学、统计物理学和协同学三个阶段。热力学是以统计物理学为基础，利用普适观点处理任意复杂系统的学科；统计物理学通过微观理论推导唯象的热力学宏观规律；协同学希望提供以统一观点处理复杂系统的概念和方法。

哈肯协同学中包括不稳定原理、序参量原理和支配原理。序参量是微观子系统集体运动的产物，是系统演化程度的宏观表现。系统相变中把握序参量就能抓住系统演化的进程和本质，系统中存在快弛豫参量和慢弛豫参量，哈肯运用绝热消去原理消去快弛豫参量，剩下支配系统的慢弛豫参量。慢弛豫参量处于矛盾竞争中，这样使系统在不稳定点孕育着不同宏观结构，最终结果由序参量的使用与竞争决定，这种序参量之间的协同竞争决定了系统从无序到有序的演化过程。

哈肯的协同学解释了系统理论中的"目的性"问题。在给定环境中，系统只有在目的点或目的环处才是相对稳定的。因此，系统只有演化到目的点或目的环处才肯"罢休"，这就是系统的自组织，而自组织需要通过系统的反馈原理才能实现。正是协同学的这种内在目的性引出系统演化的必然性和规律性问题。

3. 超循环理论

艾根（Manfred Eigen）超循环理论[16]是关于生命起源的复杂性研究的重要理论，超循环理论解释了从多分子体系到原始生命之间遗传密码的形成机制，即生物信息的起源。艾根把蛋白质与核酸的循环过程当作一个基本单位而建立起超循环结构，这种系统本身由数目不等的小循环组成。系统中的催化功能具有超循环性质，即各自的复制单元既能指导自己复制，又能为下一个中间产物提供催化帮助，超循环强化了自复制。艾根认为，在化学进化与生物进化之间有一个生物大分子的自组织阶段，此时只有超循环式的分子协同才能提高分子复制的精确度、扩展结构的信息量、达到稳定结构，在竞争中产生"一旦选择就永存下去"的选择行为，通过自组织形成原始生命体的生命信息结构。

艾根的"超循环"是指在自复制元素中的一个有组织整体，这个整体中的被筛选的竞争通过相互依赖的简单形式连接起来；而"催化的超循环"是指其自催化和自复制单元通过循环连接而联系起来的系统。自复制循环之间的耦合形成重叠的循环，这样整个系统就像一个超循环。超循环源于一个自复制单元及其突变体，即源于一种分子催化生成类似循环，只要自然条件允许，超循环的出现是不可避免的。生命是自然秩序中发生自组织过程的最高表现。艾根的超循环理论蕴含、涉及了重要的哲学思想和哲学问题：因果性，决定论与非决定论，偶然性与必然性，熵、信息与进化，生物学与物理学、化学的关系等。在艾根提出的关于自然的自组织原理或进化的自组织模式的超循环理论中，最关键的是"自催化"。"催化环"使反应生成物被卷入其自身合成过程中，由此才可能形成自组织，从而产生有序的宏观运动或模式。超循环在人类思维和人类社会中也存在，是一种普遍适应的自组织模式。

4. 突变论

突变论的核心是对还原论的反思。用简单元素重构复杂空间的还原论无法给人以安全感，作为整体论设想的柏拉图思想方法没有厘清整体与元素的关联性。将局部机理综合成整体结构是科学研究中的重要问题，这需要用到一个概念，即解析性，一个解析函数的芽通过延拓确定了整个定义域内的函数。从整体走向局部则需要另一个概念，即奇点，奇点是整体图形上发生塌陷的一点。突变论就是交替使用上述两种方法来解决整体与局部的矛盾。

2.3.2　复杂适应系统理论

复杂适应系统（CAS）理论从系统外部环境的视角讨论系统功能的涌现机理。复杂性问题是系统科学的主要研究对象；系统科学是关于整个世界的复杂性的综合理论；复杂性科学就是系统科学。复杂性系统有如下特征：系统与环境进行物质、能量和信息的交换，系统包含的子系统种类和数目多，且相互之间构成广泛紧密的网络关系；系统在时间、空间上具有多重层次结构和多种功能结构，且在动态发展中可对其进行重组和完善。研究这种复杂性系统问题的关键是明白"涌现"的规律性，即整体特征是如何形成的？客观事物层次之间的跨越是怎样完成的？这是当前还原论无法解决的问题。

美国圣塔菲研究所成立于 1984 年，该机构研究人员提出了复杂适应性系统的概念。其基本特点是永恒的新奇性，即这种系统在演化过程中不断达到混沌的边缘，混沌边缘的驱动作用，一方面使突现的系统产生最有趣的行为，另一方面使系统在适应性和突现的行为下变得越来越复杂。在复杂适应系统的网络中，各成员的相互作用和适应性（指系统内各成员能与环境及其他成员相互交流、学习、积累经验，并改变自身的结构和行为）使系统作为一个整体产生自组织的、总体集成的特征，并对初始条件产生特别的敏感性。最初的微小变化会导致全然不同的结果，简单的动力可产生令人震惊的复杂行为，少量的物质能够形成的特定模型几乎无穷尽。复杂性在于硬系统与外界环境之间的复杂反馈机制，存在这种复杂反馈机制，系统才可能达到混沌的边缘，突现系统的进化。每一个复杂系统就是在不断变革自己的流动性和稳定性的统一中创造新秩序，实现演化和发展的。

美国学者把复杂系统的复杂性问题研究（研究系统从低级向高级发展的涌现性）概括为四个派别[17]：利用常微分方程研究的系统动力学、利用非线性微分方程研究的混沌理论、复杂适应系统理论、利用形式逻辑（集合论、关系理论、双向图论、布尔方法）研究的结构基础学派与交叉学科学派；前三种的复杂性在系统之中，第四种的复杂性在人脑中。美国圣塔菲研究所科研人员的研究内容属于系统科学，受到关注的是复杂适应系统理论。美国圣塔菲研究所科研人员首先肯定了还原论的作用，对系统的认识应以对系统的部分认识为基础，认识复杂事物应以认识简单事物为前提，但部分与整体之间存在不连续的对应关系。其次，该机构研究人员认识到还原论的局限性，科学划分越来越细，但现实要求人们采用更整体化的方法。最后，研究人员提出了复杂性问题的哲学实质，探索复杂性就是要研究科学中的突现现象，系统科学或复杂性科学本质上是一门突现的科学，后科学面临的挑战是如何发现突现的基本准则，这是一种融于大自然经纬之中的深刻的、内在的创造力。因此，复杂性系统理论的哲学实质是组成部分彼此相互作用后的整体突现性质。关于复杂性的哲学问题包括：复杂性是对世界的一种人造物还是对世界的一种理解？复杂性是真实的还是人类有限理解的产物？复杂性理论是建立在关于自然界的认识论基础上还是本体论基础上？什么类型的本体论是与复杂性理论所设定的相一致？决定论需要放弃吗？这些需要科学和哲学共同探讨。

2.4 本体论系统

本体论一方面指对象属性及其对象分类的概念体系，另一方面指宇宙组成及其分类的宇宙论。概念体系反映的是对宇宙万物的主体映射意识，因此概念体系以宇宙论为基础。宇宙包含空间、时间及其内涵（物质、能量等），具体如下。

（1）地球：直径约 12756km，质量约 $6×10^{24}kg$，以约 30km/s 的速度围绕太阳旋转；人类的生存空间一般指地球大气圈以内到地壳之间的空间。

（2）行星：围绕恒星运动的星球。太阳系包括水星、金星、地球、火星、木星、土星、天王星、海王星等行星。

（3）太阳系：太阳系是一个以太阳为中心，受太阳引力约束在一起的天体系统，包括太阳、行星（含地球）及其卫星、矮行星、小行星、彗星和行星际物质；太阳系位于距银河系中心 2.4 万～2.7 万光年的位置，太阳系以 220km/s 的速度绕银河系的中心运动，大约 2.5 亿年绕行一周。

（4）恒星：能发光发热的星球，如太阳通过热核反应即聚变发光发热。

（5）星系：宇宙中一群运动着的恒星、气体和尘埃组成的物质系统。宇宙中估计有 1000 亿个星系，其中包括银河系与河外星系。星系按形状分为椭圆星系、旋涡星系和不规则星系。

（6）星系团：星系构成星系团。

（7）超星系团：由若干星系团组成超星系团。

（8）大尺度结构：宇宙中的可见物质分布在一些巨大的空洞周围，呈纤维或薄膜状态分布，这就是大尺度结构。

对象属性及其对象分类的概念体系的本体论可以认为是人类对宇宙事物概念的存在性描述；而主体对客体的认识与改造进程则需要动态演化描述。意识领域对环境对象的存在性描述与演化性描述均可以基于电子信息系统的信息空间来实现主体人对环境对象的共享性、快捷性属性状态感知与对象控制。信息、数据与知识是人类获取外界信息并用于对环境的解释、预测和适应响应；信息是对外界状态及其改变的描述；数据是信息的编码载体；知识是处理信息的方法、描述信息的规律（模式），用于对环境的解释、预测和适应响应。

2.5　解释结构模型

2.5.1　建模

对某个对象系统的理性认识始于问题感悟，而问题指对象系统目标或预期结果与对象系统当前状态之间的差异。从对象系统的问题感悟出发，利用思辨形成对对象系统进行形式与本质思维理解的、语言文字表达的概念模型，从而分析对象系统的结构。思辨包括思考与分辨，思考的基础是逻辑，分辨的基础是事实判断（推理思考的结果是否与客观事实相一致的主观逻辑分析）和价值判断（主观逻辑分析的结果，即推理思考的结果与客观事实的一致性是否具有稳定性）。

从概念模型出发，通过（形式）逻辑演绎与数学演绎可建立系统模型。

结构模型是用有向图描述系统要素关系来作为要素集合体的系统模型；结构模型处于数学模型形式与逻辑分析形式之间，可处理宏观与微观、定性与定量、具体与抽象等问题；结构模型用矩阵形式描述后，可将系统模型由定性分析转向定量分析。建立结构化模型的方法是结构模型化技术，结构模型化技术主要理论为系统结构关系与还原论（分解协调）思想。结构模型化技术主要包括解释结构模型（interpretative structural modeling，ISM）、状态空间（state-space，SS）、系统动力学（system dynamics，SD）、冲突分析（conflict analysis，CA）、新进展（人工神经网络、遗传算法、Petri 网络）。

解释结构模型从概念模型出发，通过将对象系统中的元素采用数值两两关联并形成关系矩阵，利用矩阵演算综合出对象系统的递阶控制结构。其具体实现可根据系统概念模型中两元素之间的关联/因果关系构建系统的可达矩阵，通过可达矩阵的分解获得系统的递阶控制模型。解释结构模型主要进行定性分析，在矩阵化中也可以增加数量信息而构成定性与定量相结合的分析。

2.5.2　系统元素

首先，根据对象系统列举系统元素，并给出两两元素之间的相互作用关系（如包含、支撑、作用等）。例如，一个具有 n 元素的系统可以表达为

$$S = \{e_i \mid r_{ij}(e_i, e_j)\} \qquad 1 \leqslant i, j \leqslant N \qquad (2\text{-}3)$$

例如，对于一个 6 元素的系统有如表 2-1 所示的关系。

表 2-1 系统元素关系表

R_{ij}	E_1	E_2	E_3	E_4	E_5	E_6
E_1		研究	研究	实现		
E_2			支持	支持		
E_3				支持		
E_4						
E_5	支持	支持	支持	支持		
E_6	保障	保障	保障	保障	保障	

上述 6 元素系统中，描述了元素之间的局部关系。

2.5.3　邻接矩阵

为了便于用矩阵运算推演元素之间的关系，可以将表 2-1 描述的系统元素之间的局部关系转换为用矩阵表示的关系。具体做法是将表 2-1 中描述的系统元素之间的相互作用关系表转换为用矩阵中的"0/1"表示，其中 0/1 分别表示元素间无/有关联关系，此时可以获得对应表 2-1 的邻接矩阵，如式（2-4）所示：

$$A = \begin{bmatrix} 0 & 1 & 1 & 1 & 0 & 0 \\ 0 & 0 & 1 & 1 & 0 & 0 \\ 0 & 0 & 0 & 1 & 0 & 0 \\ 0 & 0 & 0 & 0 & 0 & 0 \\ 1 & 1 & 1 & 1 & 0 & 0 \\ 1 & 1 & 1 & 1 & 1 & 0 \end{bmatrix} \qquad (2\text{-}4)$$

邻接矩阵中的 1 表示行元素对列元素所具有的支撑或作用关系。

2.5.4　可达矩阵

可达矩阵表明矩阵中的行列元素之间具有关系传递的可达性，由于元素自身具有传递性，因此计算可达矩阵时首先需要将邻接矩阵与单位矩阵进行和运算，此时有式（2-5）：

$$A+I=\begin{bmatrix} 1 & 1 & 1 & 1 & 0 & 0 \\ 0 & 1 & 1 & 1 & 0 & 0 \\ 0 & 0 & 1 & 1 & 0 & 0 \\ 0 & 0 & 0 & 1 & 0 & 0 \\ 1 & 1 & 1 & 1 & 1 & 0 \\ 1 & 1 & 1 & 1 & 1 & 1 \end{bmatrix} \qquad (2\text{-}5)$$

可达矩阵是指传递性不再变化的矩阵，即有式（2-6）的特性：

$$M=(A+I)^{r+1}=(A+I)^{r}\neq(A+I)^{r-1}\neq(A+I) \qquad (2\text{-}6)$$

对于式（2-5），由于式（2-7）成立：

$$(A+I)^{2}=\begin{bmatrix} 1 & 1 & 1 & 1 & 0 & 0 \\ 0 & 1 & 1 & 1 & 0 & 0 \\ 0 & 0 & 1 & 1 & 0 & 0 \\ 0 & 0 & 0 & 1 & 0 & 0 \\ 1 & 1 & 1 & 1 & 1 & 0 \\ 1 & 1 & 1 & 1 & 1 & 1 \end{bmatrix}=A+I \qquad (2\text{-}7)$$

因此，可达矩阵如式（2-8）所示：

$$M=\begin{bmatrix} 1 & 1 & 1 & 1 & 0 & 0 \\ 0 & 1 & 1 & 1 & 0 & 0 \\ 0 & 0 & 1 & 1 & 0 & 0 \\ 0 & 0 & 0 & 1 & 0 & 0 \\ 1 & 1 & 1 & 1 & 1 & 0 \\ 1 & 1 & 1 & 1 & 1 & 1 \end{bmatrix} \qquad (2\text{-}8)$$

2.5.5　结构元素层级分解

根据可达矩阵 M，系统的可达集合 $R(S_i)$ 和先行集合 $Q(S_i)$ 如表 2-2 所示。

表 2-2　可达集合、先行集合及其交集表

i	$R(S_i)$	$Q(S_i)$	$R(S_i) \cap Q(S_i)$
1	1, 2, 3, 4	1, 5, 6	1
2	2, 3, 4	1, 2, 5, 6	2
3	3, 4	1, 2, 3, 5, 6	3
4	4	1, 2, 3, 4, 5, 6	4
5	1, 2, 3, 4, 5	5, 6	5
6	1, 2, 3, 4, 5, 6	6	6

对可达矩阵中的可达集和先行集进行层级分解，其最高层级是 $R(S_i) = R(S_i) \bigcap Q(S_i)$。由于只有 4 成立，即 4 标识的 E_4 为最高层级；从表 2-2 中依次将最高层级 4 去掉后可以获得第二层级为 3；依次进行下去，第三层级为 2，第四层级为 1，第五层级为 5，第六层级为 6。

2.5.6　结构模型

根据结构元素层级分解可获得对象系统的递阶控制模型，从表 2-2 可以得到如图 2-1 所示的递阶控制模型。

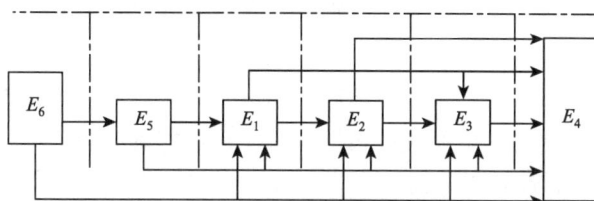

图 2-1　递阶控制模型

上述递阶控制模型获得了系统全局性的结构体系架构，可进一步用于系统设计与开发。

2.6　小　　　结

系统论以系统的观点看待对象，分别从系统存在与系统演化两个视角来分析和研究系统的结构、功能及其相互作用关系等，为系统建模提供支撑。

第3章 控 制 论

3.1 引 言

控制论从控制的角度掌握系统运行的一般规律，并采用系统运行规律来控制系统运行；控制论是在运动和发展中考察系统，其从根本上改变了系统研究方法；控制是系统建立、维持、提高自身有效性的手段。1948 年维纳编著的《关于在动物和机器中控制和通信的科学》(*Cybernetics or Control and Communication in the Animal and the Machine*)[18]标志着控制论的诞生。控制系统的出现早于控制论的出现。西汉时期，我国发明的机械式指南车便是根据扰动原理构成的开环式自动控制系统；我国宋代制成的水运仪象台则是一个按被调量的偏差进行控制的闭环非线性自动控制系统。

控制论侧重于控制的哲理与原理，控制理论侧重于控制论的形式化及其应用。控制理论包括经典控制理论、现代控制理论和大系统理论三个方面。20 世纪60 年代开始，以卡尔曼为代表的研究人员运用微分方程、线性代数、概率论等数学工具对系统控制问题进行了深入研究，形成了现代系统控制理论。

3.2 主客体控制模型

在主客体系统中，主客体之间相互作用的活动流程为：主体对客体的感知、主体感知神经传导、主体大脑信息处理（含决策）、主体行为动作的执行。与之对应的控制模型主要包括被控对象、外界干扰噪声、主体感知、主体输入、主体控制等，主客体控制模型如图 3-1 所示。

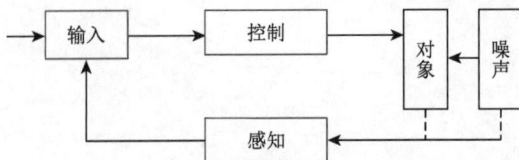

图 3-1 主客体控制模型

在上述主客体控制模型中，系统要素包括：主体根据客体对象属性而需执行的控制任务，主体根据客体及其噪声特点而采用的控制方式，主体根据客体被控量的控制特征而采取的控制规律等。

3.3　控制任务

控制任务是控制系统需要以控制功能实现相应对象的相关量的控制。控制任务主要包括以下几种。

（1）定值控制：使被控量保持其期望值。

（2）程序控制：按程序规定的预知方式运行。

（3）随动控制：按预先不确定的、需要实时测量的变化运行。

（4）最优控制：除上述被控量期望固定、不固定（主动与被动）之外，还有针对控制无法在系统运行中获得，而只能使系统的某种性能最优的最优控制。

3.4　控制方式

控制方式主要包括简单控制、补偿控制、反馈控制、递阶控制。

3.4.1　简单控制

简单控制只下达命令，不检查结果。简单控制的有效性依赖于控制方案的科学性、执行命令的忠诚性和外界的干扰。

3.4.2　补偿控制

计算和制订出抵消干扰影响的控制作用，设置补偿装置，借助于它设置检测干扰因素，将其定量化，并反映到控制计划中，施加于受控对象的控制方式是补偿控制，它是一种开环控制或顺馈控制。

3.4.3　反馈控制

反馈是系统的输出对输入的影响，或者是输入与输出之间的联系。系统对环境的适应性主要靠反馈实现，反馈包括使系统发散的正反馈和使系统收敛的负反馈。有反馈，才能发现偏差，才能及时做出决策，采取纠正措施，使系统向偏差减小的方向发展，向人们的预期目标发展。

实时监测受控对象在干扰影响下的行为，将其量化后与控制任务的目标值进行对比，找出误差，根据误差的性质和程度制定控制方案，实时控制，以消除误差。反馈控制也称为闭环控制。

3.4.4　递阶控制

大系统一般采用集中与分散相结合的递阶控制，如多级控制或多段控制。按大系统的结构特性和决策控制权利把大系统分为若干等级，每个等级分为若干小系统；每个小系统设置一个控制中心，下一级控制中心接受上一级控制中心的控制。

3.5　控　制　规　律

控制系统中，调节器对偏差信号进行转换或处理的规律称为控制规律。

3.5.1　位式控制规律

原理：根据偏差的不同，调节器输出只有开/关两种状态，故其被控制量也只有两个方向的变化，因此无法固定到一个恒定数值。

优点：简单、廉价。

缺点：被控量无稳定态。

为克服位式控制系统被控量无稳定值的缺点，可以采用比例控制规律。

3.5.2　比例控制规律

原理：调节器输出与偏差采用比例关系。

优点：被控量有稳定值。

缺点：被控量无法与期望值相等，也就是被控量有稳定值，但与期望值存在固定误差。

3.5.3　比例积分控制规律

比例积分控制对定值控制而言，可以完全消除被控量与期望值之间的误差，但消除较大的偏差可能需要较长时间。

3.5.4 比例积分微分控制规律

比例积分微分控制规律可以快速消除被控量与期望值之间的误差。

3.6 小 结

控制论侧重控制的哲理与原理，其从控制的角度掌握系统运行的一般规律、控制系统的运行。

第4章 信 息 论

4.1 引 言

从语言来看，有语法、语义和语用三种信息概念：语法信息是指事物运动状态及其改变方式等的形式化抽象；语义信息是指事物运动状态及其改变方式等的具体含义；语用信息是指事物运动状态及其改变方式的具体含义对主体的效用。信息论研究语法信息，同时信息论包括狭义、实用和广义三种：狭义信息论主要研究信息的度量、信源与信道（狭义信息论应用在调制解调、信息处理、检测估计和保密理论等领域）；实用信息论主要研究信息传输与处理问题；广义信息论主要研究信息论在自然和社会中的新应用（模式识别、机器学习等与信息问题相关的领域）。

4.2 信息的定义

"信息"最早出现于哈特莱1928年发表的"信息传输"(Transmission of information)中，意指"包含新内容的消息"[19]。

可以从多个视角对信息进行定义，从本体论和内涵视角来看，信息是客观世界中事物属性、运动状态及其变化，说明信息的内涵；从功能与作用视角来看，信息论奠基人香农指出"信息是消除人的头脑中不确定性（随机）的东西"[20]；从地位视角来看，控制论奠基人维纳指出"信息就是信息，它既不是物质，也不是能量"，从而将信息的地位上升为与物质、能量并列的三大要素资源。

物质运动是信息的源泉；信息反映物质运动；能量是事物做功的本能和物质运动的源泉；传递信息需要能量；能量控制需要信息。

4.3 信息的度量

具有不同统计特性的信源可采用随机变量、随机序列（随机变量的 N 维扩展）和随机过程来描述信源发生的事件（即其输出的消息）。信源在某一时刻发生某一事件，即某个消息符号 x_i 是随机的，但各消息符号 x_i 出现的概率一般是确定的；信源的某个消息符号 x_i 在事件前（如通过信道传输）具有不确定性，这种不确定性

采用消息符号 x_i 的自信息量来度量。同时，信源发生某一事件，即某个消息符号 x_i 被观察者观察到（信宿接收）后，将消除观察者对于信源消息符号 x_i 的不确定性，此时的信宿获得了信息，其获得的信息量等于消息符号的不确定量，即消息的自信息量。

对于信源的统计特性而言，人们主要关心信源消息符号总体意义上的不确定性，同时信宿观察到的信息量也是在信源消息符号总体意义上消除不确定性而获得的信息量，这是一种在信源消息符号统计平均意义上的方法。

4.3.1　自信息

由概率空间 $\begin{bmatrix} X \\ p(X) \end{bmatrix} = \begin{bmatrix} x_1 & x_i & x_I \\ p(x_1) & p(x_i) & p(x_I) \end{bmatrix}$ 确定的信源 X，代表事件发生的信源符号 x_i 存在 $p(x_i)$ 表征的不确定度。在信源 X 确定的条件下，信宿并不确定信源在某一时刻发生的事件，即信源发出哪个符号 x_i；只有当信源发出的符号通过信道传输到信宿，信宿收到消息后才能消除信宿对信源发生事件的不确定性；信宿对信源事件不确定性的减少就是信宿获得的自信息量。

直观地讲，自信息量的定义需满足以下三点：

（1）自信息量与发生概率具有反向关系。

（2）自信息量具有可加性。

（3）发生确定性事件的自信息量为 0，发生不可能事件的自信息量为无穷大，即自信息量大于等于 0。

综上所述，定义概率为 $p(x_i)$ 的符号 x_i 的自信息量如式（4-1）所示：

$$I(x_i) = -\log_n p(x_i) \tag{4-1}$$

式中，对数的底数 n 为 2、e、10 时，单位分别为比特（bit）、奈特（nat）、哈特（hart）。

自信息量的两种含义为：

（1）事件 x_i 发生前表示信源的先验不确定性；

（2）事件 x_i 发生后表示其能够提供的最大信息量。

4.3.2　条件自信息量

随机变量 $X = \{x_i, i = 1, \cdots, I\}$，其概率测度为 $0 < p(x_i) < 1$，且满足 $\sum_{i=1}^{I} p(x_i) = 1$；

随机变量 $Y = \{y_j, j \in [1, J]\}$，其概率测度为 $0 < p(y_j) < 1$，且满足 $\sum_{j=1}^{J} p(y_j) = 1$；其条件概率 $p(x_i | y_j)$ 表示 y_j 条件下 x_i 的概率，定义条件自信息量如式（4-2）所示：

$$I(x_i \mid y_j) = -\log_n p(x_i \mid y_j) \qquad (4\text{-}2)$$

其意义是特定条件 y_j 下，随机事件发生 x_i 所带来的信息量。

同样，可以定义多条件 $X_1, \cdots, X_{N-1}$ 下 X_N 的条件概率为 $p(x_{N_{i_N}} \mid x_{N-1_{i_{N-1}}}, \cdots, x_{1_{i_1}})$；其条件自信息量定义如式（4-3）所示：

$$I(x_{N_{i_N}} \mid x_{N-1_{i_{N-1}}}, \cdots, x_{1_{i_1}}) = -\log_n p(x_{N_{i_N}} \mid x_{N-1_{i_{N-1}}}, \cdots, x_{1_{i_1}}) \qquad (4\text{-}3)$$

其表示 $x_{N-1_{i_{N-1}}}, \cdots, x_{1_{i_1}}$ 条件下，随机事件发生 $x_{N_{i_N}}$ 所带来的信息量。对通信（X 输入、Y 输出）而言，条件概率 $p(x_i \mid y_j)$ 反映接收端收到消息 y_j 而发送端发送的是 x_i 的概率，此概率为后验概率，此时的条件自信息量 $I(x_i \mid y_j) = -\log_n p(x_i \mid y_j)$ 表示接收端观察到消息符号 y_j 条件下，发送端发出消息为 x_i 的后验不确定性。同理，$p(y_j \mid x_i)$ 代表信道的随机干扰转移概率，$I(y_j \mid x_i) = -\log_n p(y_j \mid x_i)$ 表示输入为 x_i 且观察到 y_j 的不确定性。

4.4　信　源　编　码

4.4.1　信源编码含义

根据信息反映的对象特征和感觉器官，可以将其划分为声音、图像、视频和符号等。信源编码是将这些不同媒体的信息编码为符号代码，一般可以将这些编码统称为数据。

信源编码是从信源符号集到码符号集的映射，对于同样信源有多种编码方法。

信道能传输的符号 c 称为码元，码元组成的集合称为码元集/码符号集，$C = \{0, \cdots, Q-1\}$［实际中码元由诸如晶体管-晶体管逻辑（transistor-transistor logic，TTL）高/低电平、二进制移相键控（binary phase shift keying，BPSK）信号等表示］。数字系统的 Q 域编码中最简单的码元集为 $Q = 2$ 的二元码符号集 $\{0,1\}$。码字 c_i 是由码元组成的序列，所有码字组成的集合称为码字集 $\{c_1, \cdots, c_I\}$。

信源编码是将信源输出的符号 x_i 映射为码字 c_i 的映射关系，即 $f : x_i \xrightarrow{i=1,\cdots,I} c_i$；具有一一映射的为非奇异码，具有多对一映射的为奇异码。

码字 c_i 包含码元的个数称为该码元的码长 l_i；如果 $l_i = l(i = 1, \cdots, I)$，则为等长编码；否则称为变长编码，平均码长为 $\bar{l} = \sum_{i=1}^{I} l_i p(c_i)$。长为 L 的等长编码符号集就是码元 C 的 L 次扩展码。

唯一可译码：如果码字的任意 N 次扩展码为非奇异码，则原码字为唯一可译码。

如果码字集中任一码字都不是另一码字的码头，称码字集为异字头码（无前缀码）。

即时码与延长码：无前缀码在接收后就可以及时译码；但非异字头码则需要接收到下一码字后才能译码，称为延长码。

即时码可以用树图法构造。

4.4.2 等长编码定理

对信源 $X = \{x_1, \cdots, x_I\}$，采用 1 位的 $C = \{0, \cdots, Q-1\}$ 码字进行等长编码时，需要满足信源消息数小于等于编码的码字数，即满足式（4-4）：

$$I \leqslant Q^l \tag{4-4}$$

如果是对信源 $X_1, \cdots, X_N = \{x_{1_{l_1}}, \cdots, x_{N_{l_N}}\}$ 进行 l_N 等长编码，则需满足式（4-5）：

$$\prod_{i=1}^{N} I_i \leqslant Q^{l_N} \tag{4-5}$$

如果是 X 的 N 维扩展，则需满足式（4-6）：

$$I^N \leqslant Q^{l_N} \tag{4-6}$$

$\dfrac{l_N}{N} \geqslant \dfrac{\log_n I}{\log_n Q}$ 表示信源序列中平均每个信源符号需要的码符号数。

等长编码定理：设离散无记忆信源 $X = \{x_1, \cdots, x_I\}$ 的熵 $H(X)$，X 的 N 维扩展信源 $X^{(N)} = \{x_1', \cdots, x_{I^N}'\}$，对信源输出的 N 长序列 $x_i', i \in [1, \cdots, I^N]$ 进行等长编码，码字是长度为 l_N 的 Q 进制符号串，若满足条件 $\dfrac{l_N}{N} \geqslant \dfrac{H(X) + \varepsilon}{\log_n Q}$，则 $N \to \infty$ 时可使译码差错 $P_e < \delta$；反之，若 $\dfrac{l_N}{N} < \dfrac{H(X) + \varepsilon}{\log_n Q}$，则不可能实现无差错编码。

4.5 信 道 容 量

4.5.1 信道概念

信道是信息传输的媒介/载体，即载荷信息的信号通道。信道的任务是以信号的方式传输、存储信息。研究信道的目的是确定信道中理论上能传输、存储的最大信息量，即信道容量。

根据分类标准，不同信道有多种分类：根据用户数分为单用户信道和多用户信道；根据输入输出关系分为无反馈信道和反馈信道；根据信道参量随时间的变化情况分为恒参信道和随参信道；根据信道噪声情况分为随机差错信道和突发差错信道；根据信道中输入输出信号的特性分为离散信道、半离散半连续信道和波形信道；根据信道的记忆性分为无记忆信道和有记忆信道。

4.5.2　信道模型

无记忆信道的输入（I）和输出（J）为有限值时，称为离散无记忆信道（discrete memoryless channel），其信道转移概率矩阵如式（4-7）所示：

$$\boldsymbol{P}=[p(y_j\,|\,x_i)]=\begin{bmatrix} p(y_1\,|\,x_1) & \cdots & p(y_J\,|\,x_1) \\ \vdots & & \vdots \\ p(y_1\,|\,x_I) & \cdots & p(y_J\,|\,x_I) \end{bmatrix} \tag{4-7}$$

式中，$\displaystyle\sum_{j=1}^{J}p(y_1\,|\,x_i)=1$。

现实中最基础的离散无记忆信道是 $I=J=2$ 的二元离散对称信道（binary discrete symmetric channel），其信道转移概率矩阵如式（4-8）所示：

$$\boldsymbol{P}=[p(y_j\,|\,x_i)]=\begin{bmatrix} 1-p & p \\ p & 1-p \end{bmatrix} \tag{4-8}$$

式中，p 为传输发生错误的概率。

4.5.3　信道容量公式

根据平均互信息的定义，$I(X;Y)=H(X)-H(X\,|\,Y)$。对于单符号传输，信息传输率 $R_D=I(X;Y)$。与信息度量中定义的信息传输率 $R_D=\dfrac{H(X)}{l}$ 比较，两者差异在于后者未考虑信道干扰，而前者考虑了信道干扰情况。信息传输率是衡量通信的重要指标，其需要研究平均互信息。平均互信息定义如式（4-9）所示：

$$I(X;Y)=\sum_i\sum_j p(y_j\,|\,x_i)p(x_i)\frac{p(y_j\,|\,x_i)}{\displaystyle\sum_i p(y_j\,|\,x_i)p(x_j)} \tag{4-9}$$

式中，平均互信息是信源概率 $p(x_i)$ 和信道转移概率 $p(y_j\,|\,x_i)$ 的函数，当信道转移概率 $p(y_j\,|\,x_i)$ 确定时，平均互信息是信源概率 $p(x_i)$ 的 n 型凸函数，即对应某个信源分布（最佳分布），平均互信息为最大。将此最大值定义为如式（4-10）所示的信道容量 C：

$$C\overset{\Delta}{=}\max_{p(x)}I(X;Y) \tag{4-10}$$

信道容量是在保证可靠通信的前提下，信道能容纳的最大信息传输量。

4.6　小　　　结

信息是主体人为适应环境而与环境进行的交互内容。信息的定义、度量、编码、传输是信息论的核心内容。

第5章 信号、元器件与电路

5.1 引 言

由于电信号传播速度快且易于产生与处理，因此将消息、信息表示为电信号的特征参数（表示差异性的幅度、相位、频率等），从而使信号成为消息、信息的载体。

电压或电流信号可归结为电荷的分离和运动；电子元器件是对电荷进行功能处理的基本单元，电子元器件构成的电路可以实现对能量的传输、分配、转换或信息的传递、控制、处理；电子元器件构成的电路主要完成信号的产生、变换、运算处理、传输、鉴别等。

5.2 信 号

电荷（q）是描述电现象的基础，电荷是离散的且分正负，其单位为库伦（C），一个电子所带的电荷为 $1.602189×10^{-19}$ 库伦。电流与电压等电现象可归结为电荷的运动和分离；电流为电荷 q 运动引起电流动的速率，即 $i = \dfrac{\mathrm{d}q}{\mathrm{d}t}$；电压为电荷接近或分离引起电能的变化，即电压是电场力把单位正电荷从一点移到另一点所做的功，表示为 $v = \dfrac{\mathrm{d}w}{\mathrm{d}q}$；电场力单位时间内所做的功为功率，即 $p = \dfrac{\mathrm{d}w}{\mathrm{d}t} = \dfrac{\mathrm{d}w}{\mathrm{d}q}\dfrac{\mathrm{d}q}{\mathrm{d}t} = vi$。

电压或电流信号一般有时域、频率两种表示方式。按信号正交分解原理，一个周期信号可分解为直流与正弦信号的 n 次谐波之和，而一个非周期信号可分解为复正弦信号之和。电压信号的时域表示一般为

$$f(t) = A\sin(\omega t + \theta) = A\sin(2\pi f t + \theta) \tag{5-1}$$

此时，可以将消息、信息映射为该正弦信号的幅度 A、频率 f 或相位 θ，从而可以通过该正弦信号传递消息、信息。

5.3 无源电子元器件

基本电子元器件包括提供能量的理想电压源（V_s-伏特）与理想电流源（I_s-安

培）、存储能量（电场、磁场）的理想电容（C-法拉）与理想电感（L-亨利），以及消耗能量的理想电阻（R-欧姆），这五个理想基本电路元件是完备的，可以描述任意实体模型。

5.3.1　理想电压源

理想电压源用 V_s 表示，单位为伏特（V），其反映将正电荷从负极经电压源内部移到正极所需做的功，其正负两端电压的约束为 $v_s = \text{cons}$（cons 表示常量）。

5.3.2　理想电流源

理想电流源用 I_s 表示，单位为安培（A），其正负两端电流的约束为 $i_s = \text{cons}$。

5.3.3　理想电阻

理想电阻的两端电压与流过电流的关系为 $v = R_i$。

5.3.4　理想电容

理想电容中流过的电流 i 与其两端的电压 v 随时间的变化率成正比，即 $i = C\dfrac{\mathrm{d}v}{\mathrm{d}t}$，$v(t) = v(t_0) + \dfrac{1}{C}\displaystyle\int_{t_0}^{t} i(t)\mathrm{d}t$；由于 $i = \dfrac{\mathrm{d}q}{\mathrm{d}t}$，因此有 $q = Cv$；电源与理想电容连接充电的总能量为 $W = \displaystyle\int_0^{\infty} vi\mathrm{d}t = \int_0^{\infty} vC\dfrac{\mathrm{d}v}{\mathrm{d}t}\mathrm{d}t = \dfrac{CV^2}{2} = \dfrac{qV}{2} = \dfrac{q^2}{2C}$。

5.3.5　理想电感

理想电感两端的电压 v 与流过电感的电流 i 随时间的变化率成正比，即 $v = L\dfrac{\mathrm{d}i}{\mathrm{d}t}$，$i(t) = i(t_0) + \dfrac{1}{L}\displaystyle\int_{t_0}^{t} v(t)\mathrm{d}t$；由于 $v = \dfrac{\mathrm{d}\psi}{\mathrm{d}t}$，因此有 $\psi = Li$；电源与理想电感连接充电的总能量为 $W = \displaystyle\int_0^{\infty} vi\mathrm{d}t = \int_0^{\infty} iL\dfrac{\mathrm{d}i}{\mathrm{d}t}\mathrm{d}t = \dfrac{LI^2}{2} = \dfrac{\psi I}{2} = \dfrac{\psi^2}{2L}$。

5.4　电　路　定　律

电路由理想电压源、理想电流源、理想电容、理想电感和理想电阻组成。电路用于电信号的产生、存储、处理和传输等；电路以输入输出电信号的电压与电流的关系进行表示，即 $v = f(q)$ 或 $v = f(i)$；电信号的电压、电流或电荷可以通过测量获得，从而可以获得与之对应的消息、信息。

电荷守恒定律是指任意空间内电荷量的变化等于流入该区域的电荷量减去流出该区域的电荷量。基尔霍夫电流定律（Kirchhoff's current law）是电荷守恒定律的特例，其指出电路中任一节点的各支路电流代数和为零，即 $\sum_{i=1}^{N} I_i = 0$。

法拉第电磁感应定律描述的是闭合电路中磁通量变化而产生感应电流与感生电动势的现象。基尔霍夫电压定律（Kirchhoff's voltage law）是电磁感应定律的特例，其指出沿任何闭合电路一周的电压降总和为零，即 $\sum_{i=1}^{N} V_i = 0$。

5.5　有源电子元器件

5.5.1　半导体

电路的核心是电子元器件，有源电子元器件的发展经历了电子管、晶体管和集成电路等阶段。晶体管与集成电路的制造材料为半导体，其电导率介于导体（铜 $5.8 \times 10^7 \mathrm{S/m}$）和绝缘体（酚醛塑胶 $10^{-9} \mathrm{S/m}$）之间；半导体可分为元素半导体与化合物半导体。本征半导体（intrinsic semiconductor）是指不含杂质且无晶格缺陷的纯净半导体。

集成电路中应用最多的硅（Si）原子最外层轨道有 4 个价电子，其分别与周围 4 个 Si 原子的价电子形成共价键，共价键中的价电子为这些原子所共有并被其束缚而无法自由移动。当温度升高或受光辐射时，满带中的电子吸收能量后可能跃迁到导带（本征激发）而产生自由电子和空穴（共价键中的空位）的电子空穴对。游离的自由电子回到空穴中称为复合，本征激发和复合在一定温度下会达到动态平衡。自由电子和空穴称为载流子，自由电子的定向运动形成电子电流，相邻共价键中的价电子以此填充空穴的定向运行形成空穴电流。理论分析表明，本征半导体载流子的密度为 $n_i = p_i = K_1 T^{\frac{3}{2}} \mathrm{e}^{\frac{-E_{GO}}{2kT}}$；Si 晶体原子的密度为 $N_{\mathrm{Si}} = 5 \times 10^{22} \mathrm{g/cm^3}$，室温下纯净 Si 的本征载流子密度为 $n_i = 1.43 \times 10^{10} \mathrm{g/cm^3}$，因此纯净 Si 由于热运动而产生的载流子数量与原子数量相比很小，表现为绝缘体。

通过扩散和离子注入技术向纯净半导体中掺入少量其他原子（掺杂剂），可以增大自由电子或空穴的浓度，从而提高导电能力。如果向纯净 Si 中掺入Ⅲ族元素硼（B）原子，B 原子占据 Si 原子位置，其最外层的 3 个电子与 4 个 Si 原子的 4 个电子形成共价键时产生一个空穴，形成空穴浓度增加的 P 型半导体；如果向纯净 Si 中掺入 V 族元素磷（P）原子，P 原子占据 Si 原子位置，其最外层 4 个电子与 4 个 Si 原子的 4 个电子形成共价键，同时一个电子不受共价键约束（容易形成自由电子），形成电子浓度增加的 N 型半导体。

在掺杂Ⅲ族、Ⅴ族的 P 型半导体、N 型半导体中，称多数载流子空穴、电子为多子，少数载流子电子、空穴为少子，其多子与少子复合的机会增多。多子浓度等于掺杂原子的浓度，其受温度影响小，而少子是本征激发形成的，其受温度影响大。

5.5.2　PN 结

采用不同掺杂工艺将 P 型半导体、N 型半导体制作在同一块硅片上，在 P 型半导体、N 型半导体的交界处形成具有单向导电的 PN 结。物质总是由高浓度向低浓度运动（扩散运动），因此 P 区的空穴向 N 区扩散、N 区的自由电子向 P 区扩散。由于扩散到 N 区的空穴与自由电子复合而出现正离子区、扩散到 P 区的自由电子与空穴复合而出现负离子区，从而形成 N 正 P 负的空间电荷区，内电场方向为 N 区指向 P 区，正好阻止扩散运动，同时在内电场作用下产生少子的漂移运动（N 到 P 的空穴与 P 到 N 的自由电子），最终达到动态平衡，从而形成 PN 结。此时空间电荷区有一定宽度，电位差为 U_{ho}，电流为 0，空间电荷区内正负电量相等。因此，P 区与 N 区掺杂浓度相等时形成对称 PN 结、浓度不同时形成不对称 PN 结，两种外部特性相同。绝大部分空间电荷区内自由电子与空穴都少，故分析 PN 结时常采用"耗尽层相似"方法——忽略载流子的作用、只考虑离子区的电荷，并称空间电荷区为耗尽层。

PN 结具有单向导电性。当 PN 结两端外加电压时，将打破原有的动态平衡（扩散电流不等于漂移电流），因而 PN 结有电流流过。当在 P 端接正、N 端接负时，外电场将多数载流子（P 端空穴与 N 端自由电子）推向空间电荷区，使空间电荷区变窄，削弱其内电场，破坏了原有平衡，使扩散加剧、漂移减弱，源源不断的扩散运动形成正向电流，PN 结导通（有 PN 结压降），为防止电流过大而烧坏 PN 结需在其回路中串联电阻。

当在 P 端接负、N 端接正时，外电场使空间电荷区变宽，加强其内电场，阻止扩散运动、加剧漂移，形成反向的漂移电流，由于少子数目少，因此反向电流很小，常忽略不计，PN 结处于截止状态。

PN 结两端的电压与其流过的电流之间的关系为

$$i = I_S \left(e^{\frac{qu}{kT}} - 1 \right), \quad T = 300\text{K} \text{ 时 } \frac{kT}{q} \approx 26\text{mV} \qquad (5\text{-}2)$$

因此，外加正向电压时，i 随 u 按指数的函数规律变换，此时可认为电压大于一定数值后其压降恒定；外加反向电压时，当其小于反向击穿电压 U_{BR} 时电流为零，大于反向击穿电压 U_{BR} 时电流急剧增加。其反向击穿机理分为高掺杂、窄耗尽层的齐纳击穿和低掺杂、宽耗尽层的雪崩击穿两种。

PN 结具有电容效应。当 PN 结外加电压变化时，空间电荷的宽度随之变化，即耗尽层的电荷量随外加电压而增大或减小，这种耗尽层宽窄变化所等效的电容为势垒电容（C_b），其与结面积、耗尽层宽度、半导体介电常数和外加电压有关（电容与电压之间呈类似指数关系）；PN 结外加电压增大/减小时，非平衡少子的浓度增大/减小且浓度梯度（靠近耗尽层交界面浓度高）增大/减小，从而使得扩散区内非平衡少子变化而带来类似于电容充放电的电荷累积和释放过程，称其为扩散电容（C_d）；结面积小时一般为1pF，结面积大时为几十至几百 pF。因此只有在信号频率较高时才需要考虑结电容。

5.5.3　晶体管

与电阻、电容和电感等无源器件不同，有源的晶体管的功能是实现对电流、电压的可控放大。晶体管主要分为双极性结型晶体管（bipolar junction transistor）和场效应晶体管（field effect transistor），其中场效应晶体管又分为结型场效应晶体管（junction field-effect transistor，JFET）、金属半导体场效应晶体管（metal-semiconductor field effect transistor，MESFET）和金属氧化物半导体晶体管（metal-oxide-semiconductor field-effect transistor，MOSFET）。

双极性结型晶体管也称三极管，其由两个 PN 结背靠背连接而成，两种带有不同极性电荷的载流子参与导电。两结三区中，中间区域为基区 B，相对大的区域为集电区 C，相对小的端区域为发射区 E，集电区与基区之间的 PN 结为集电结，发射区与基区之间的 PN 结为发射结。对于 NPN 型三极管，其工作时要求集电结反偏 $V_{CB} > 0$、发射结正偏 $V_{BE} > 0$。实际应用中传感器获取的信号均为微弱信号，此时需要通过放大才能进一步处理，而晶体管是放大电路的核心元件。定义集电极电流与基极电流之比为放大倍数 $\beta = \dfrac{i_C}{i_B}$。

场效应晶体管利用输入回路的电场效应控制输出回路电流，由于其仅靠多数载流子导电，因此又称为单极性晶体管；场效应晶体管具有比双极性结型晶体管更高的输入内阻，为 $10^7 \sim 10^{12} \Omega$。

5.5.4　集成电路

集成电路是指采用半导体工艺，将一个电路中所需的晶体管、二极管、电子、电容、电感与电气连在一块半导体晶片或介质基片上制作出来，形成完整电路，封装在一个管壳内，成为具有特定电路功能的微型结构。集成电路按器件结构类型可分为双极性晶体管（bipolar junction transistor，Bi）构成的双极性集成电路、金属氧化物半导体晶体管构成的金属氧化物半导体集成电路与 Bi-MOS 晶体管构成的集成电路；按功能分为模拟集成电路、数字集成电路、混合集成电路三种；按集成度分为小规模集成电路、中规模集成电路、大规模集成电路、超大规模集成电路、特大规模集成电路和极大规模集成电路。集成电路中的特征尺寸指半导体器件中的最小尺寸（往往是最小线条宽度），在 MOSFET 中作为栅极的多晶硅的宽度（晶体管沟道宽度）；特征尺度越小，芯片集成度越高，功耗越低，越利于提高集成度、改进性能；特征尺寸的减小主要取决于光刻技术。

集成运算放大器是一种模拟集成电路，用于模拟信号的运算与处理。根据输入输出信号类型可分为四类：输入输出均为电压的电压型运算放大器，输入输出均为电流的电流型运算放大器，输入为电压、输出为电流的跨导型运算放大器，输入为电流、输出为电压的跨阻型运算放大器。采用运算放大器可以实现负反馈、比例放大电路、加法与减法运算电路、积分与微分运算电路、对数与指数运算电路、比较器电路等运算放大电路。

5.6　数字元器件与数字电路

各种信息（文字、声音、图像、视频）经过数字化处理后变为数字信号的电脉冲序列。能处理数字信号的电路称为数字电路，由于数字信号的 "0/1" 具有逻辑意义而又称为逻辑电路。数字电路的输入输出之间除可能进行二进制算术运算外，还可能实现逻辑运算并可能进行逻辑推理。逻辑电路主要由非门、与门、或门、异或、同或等逻辑门电路组成。

对于模拟信号表示的世界，其模拟信号取值为连续而无限的；而数字系统所特有的优势往往会将模拟信号数字化，一般采用抽样/取样的方式将模拟信号数字化。由于二进制数字信号中的 1 比特只有两个状态，因此在数字化编码中往往采用 n 比特实现，不同的编码方法与技术可将不同的信息数字化为 n 比特的数字字符（如表示数值、字符、命令、控制字、状态字等）。其中，数值可以进行算术运算，控制字、状态字可进行逻辑运算，字符、命令可进行比较运算等。

晶体管中，在 B 极输入信号、E 极输出信号时，可以构成在较大幅度范围内变化的"0/1"输入对应固定的"0/1"输出的通断门。非门是输出从 C 极接出的晶体管，与门由两个晶体管串接构成，或门由两个晶体管并联构成。上述三种门的组合可以实现与非、或非、异或、同或等逻辑门。

在二进制的逻辑运算中，往往通过真值表描述与、或、非的操作结果。同时，可以采用布尔方程描述逻辑运算。

1938 年，香农的硕士学位论文"A symbolic analysisi of relay and switching circuits"首次提出可以用布尔代数描述电路，将布尔代数的"真/假"和电路的"开/关"对应起来，并用数学中最简单的数字"1/0"来表示。

数字电路是将逻辑门连接在一起形成电路网络，该电路网络可以用电路原理图、布尔方程、真值表等描述。数字电路分为组合电路和时序电路，组合电路由基本门组成，且输出只与当前输入相关；时序电路由基本门加上反馈回路组成，输出与当前输入和电路状态有关，时序电路包括存储单元。组合电路的分析与综合是互逆的过程：分析步骤包括"获得电路图，根据电路图写出逻辑表达式，根据逻辑表达式写出真值表"；综合步骤包括"获得真值表，由真值表推导逻辑表达式，由逻辑表达式获得实现电路图"。

5.6.1　双稳态电路

双稳态电路由两个非门进行相互串接，其具有电路状态的记忆，但不能改变电路状态。

5.6.2　RS 锁存器

如果要输入，则需要把双稳态电路中的非门换为与非门/或非门而构成 RS 锁存器，此时将输出 Q 对应的输入标识作为 S'，而将输出 Q' 对应的输入标识作为 R'；其 $R'S'$ 输入为"11"时退化为双稳态单元而其处于"记忆"功能，"01"时 Q 输出 0，"10"时 Q 输出 1，"00"时为不稳定状态（一般不用）。

5.6.3　D 锁存器

RS 锁存器中，只有在两个输入值不同时才有意义，因此可以将两个输入由一个输入及其取反组成，即用一个输入接非门后将该输入接到 R'，而将取反输出接到 S'，从而构成 D 锁存器。此时，锁存器输入 0 后将复位为 0，输入 1 后将置位为 1。D 锁存器避免了 RS 锁存器中同时取 0 的状况，但其不具有保持状态，即无法同时取 1；此时，增加一个选择器，用于选择"输入信号"还是"保持状态"，采用使能信号"$E = 0/1$"选择"输入/保持"。

基于使能信号的锁存器在有效使能电平状态下就会工作，即只要使能信号有效时锁存器的存储状态就能被改变。

5.6.4 D 触发器

在数字系统中，希望所有的存储器状态在同一时刻发生改变，而非多个时刻改变（使能信号有效机制无法保证），此时就需要由边沿触发的触发器而非电平使能的锁存器。

D 触发器由两个 D 锁存器构成，前一个锁存器的输出 Q 接下一个锁存器的输入 D，使能信号接后一个触发器的使能端，同时取反后接前一个的使能端。此时，前一个触发器在时钟的低电平有效输出，而后一个在时钟的高电平输出（此时的输入为低电平的输入）。从整个输入输出来看，其状态改变是在时钟上升沿发生的。

5.6.5 寄存器

存储字的寄存器能够同时存储 n 个比特单元，因此其由 n 个 D 触发器组成，其 n 个 D 触发器使用相同时钟（clk），且为了控制而需要增加 n 个 D 触发器共同的使能端（E）和清零端（clear）。

5.7 微 处 理 器

微处理器是对数据进行处理并对处理过程进行控制的部件。微处理器的控制可由有限状态机进行描述。

有限状态机是对实现多状态（步骤）任务的描述，一般由时序逻辑电路实现。有限状态机是一种计算模型，其根据输入和当前状态进行相应处理，然后输出并转移到相应状态，从而实现信息处理和状态转移。

有限状态机的分析：依据次态逻辑电路写出次态方程与真值表；依据输出逻辑电路写出输出方程和真值表；根据次态方程和输出方程画出状态图。

有限状态机的综合：依据状态图写出次态电路的逻辑表达式与真值表；依据状态图写出输出电路的逻辑表达式与真值表；根据次态电路与输出电路的逻辑表达式或真值表画出实现电路图。

微处理器就是有限状态机的实现方式。冯·诺依曼（V. Neumann）在 *First Draft of a Report on the EDVAC*[21]中描述计算机逻辑结构时提出了"存储程序"思想，即将程序以二进制方式存储在计算机中，计算机执行程序时自动按顺序从存储器中取出指令一条一条地执行。冯·诺依曼结构为计算机的组织结构。

计算机语言是用于人类与计算之间通信的语言，是人类与计算之间传递信息的工具。计算机语言经历了机器语言、汇编语言和高级语言三个阶段。

5.8　小　　结

信号是信息的携带者，而信号的产生、传输与处理需要器件及其构成的电路；微处理器是信息处理的重要部件。

第6章 处理器信息处理架构

6.1 引　言

对象属性信息是主客体系统中主体对客体进行认识、实践、控制、改造的前提和基础。与意识领域相对应的信息处理系统需要对对象、对象属性与对象属性状态的测度空间进行标识，即逻辑编码，采用标识数据载体即信号实现数据捕获，从而将数据用于多主体、多应用的共享服务。同时，信息处理系统需要标识其对相关对象及其属性状态的具体处理类型及其相关处理状态。信息处理系统采用电子元器件支撑的标识数据载体实现对象、对象属性、对象属性状态的数据处理及其状态展示，保障信息处理系统正常运行。

6.2 对象属性模型

6.2.1 对象属性状态信息

对象属性状态可以用随机变量表示，如果随机变量为连续型，则属性状态信息用概率密度函数表征；如果随机变量为离散型，则属性状态信息用随机事件及其概率测度表征。由随机变量表征的特定属性状态的出现是由某一事件引起的，同时该属性状态的出现意味着排除了其他属性状态，从而确定了对象属性状态，可以认为由特定事件引起的对象属性状态的确定就是信息的功能。而信息的度量则可以看为随机事件发生前后随机变量不确定性的减少量。随机事件发生前，随机变量的不确定性可以用随机变量的熵即自信息表示。

6.2.2 对象属性编码

信息系统中需要对对象属性状态进行编码，以便于在对象属性状态出现某种样本空间的结果时能对其以属性状态的编码进行（光电）传输和处理，从而实现信息的传输和处理。在本体论研究中，根据对象属性将对象归纳为一个层次化的分类体系，因此对象属性状态编码也具有层次性。

为有效传输和处理，需要从统计意义上获取最佳的信息传输和处理。因此，需要根据其对象属性状态的样本空间的概率测度对样本进行编码，即将对象属性状态的样本空间与编码集中的某个符号进行关联，最基础的编码集为二进制编码集。编码方法包括等长编码和变长编码：等长编码只需在编码空间不小于信源空间的情况下为对象属性状态分配一个编码即可；变长编码一般指最佳编码，最佳编码方法包括香农编码、费诺编码和霍夫曼编码。等长编码的边界明确则有利于解码，变长编码的统计编码长度短则有利于传输，故实际中采用等长编码或变长编码需要综合考虑各种因素。

6.2.3　逻辑编码

在主客体系统中，主客体的活动由"主体对客体的感知、主体感知神经传导、主体大脑信息处理（含决策）、主体行为动作的执行"构成。基于电子信息技术的物联网系统将主体对客体的感知、控制在空间和时间上进行了延拓和延续。由于本体论中的对象处于层次化分类体系中的某一层次，因此主客体系统也具有层次性，从而对应的信息处理系统也具有层次性，一般将其看作一个局域对象系统。在信息处理系统中，不仅需要采用编码标识对象、对象属性状态与动作执行控制，还需要采用编码标识信息处理系统的对象处理类型、对象属性状态处理类型与信息处理系统的状态（含对对象及其属性的处理状态及信息处理系统自身状态）。只有通过编码标识对象、对象属性状态和动作执行控制，才能将客观存在的对象及其属性状态和动作控制纳入意识对应的信息空间，也只有通过编码对对象及其属性状态的处理类型进行标识，才能对对象及其属性状态进行控制。同时，只有通过编码标识信息处理系统自身的状态，才能够保障信息处理系统自身运行的正确性。

在信息处理系统中，"对象及其属性状态的处理类型与信息处理系统本身的状态"编码为信息处理中微处理器的指令系统与寄存器系统；而属性状态测度为数值（整数或实数）的编码可以认为是一种通用化的状态属性编码，即特定长度的整数或实数编码，这个一般作为微处理器指令的操作数。同时，信息处理系统中，标识语言字符需要字符编码，最早出现的字符编码集为 ASCII 字符集。

6.2.4　物理编码

信息的逻辑编码是意识领域区分信息的标识。逻辑编码的编码、译码、处理等操作与物理对象相关，即逻辑编码需要物理信号来进行具体标识或携带。物理信号不仅需要考虑诸如信号的传输距离、传输效率等因素，还需要考虑实现信号的器件物理特性等因素。

物理信号从信号本身而言可以按以下分类：首先，从时间域是否离散可分为连续信号和离散信号两类；其次，从幅度域是否离散、量化与编码，连续信号又进一步包括模拟信号，离散信号又进一步包括数字信号。

物理信号从信号传输而言可按以下分类：信号未经过调制的传输称为基带传输，信号经过调制后的传输称为频带传输。基带传输时由于基带信号占用传输介质而无法与其他基带信号共享传输介质；而频带传输时的频带信号则可以按照对传输介质的频带分割实现共享使用；当然也可以在进一步增加时分、码分或空分机制的情况下采用时分、码分或空分的方法共享传输介质，从而实现多对信号的传输，在一定层次上（如人的感觉）实现信号的同时传输。

基带传输又可分为模拟基带传输和数字基带传输。其中，模拟基带传输就是直接将模拟信号在传输介质上进行传输，如拾音器将话音转换为语音信号后通过传输线传输到声码器进行编码的这部分为模拟基带传输。数字基带传输则是数字信号直接在传输介质上进行传输，例如，在一个电路板上采用晶体管-晶体管逻辑（TTL）信号进行数据传输时用小于 0.8V 表示逻辑 0、大于 2.4V 表示逻辑 1，互补金属氧化物半导体（CMOS）信号进行数据传输时用接近于 0 表示逻辑 0、接近电源电压表示逻辑 1，RS232 总线上采用 3~15V 表示逻辑 0、−15~−5V 表示逻辑 1，以太局域网中数据传输采用高到低跳变表示逻辑 0、低到高跳变表示逻辑 1 的曼彻斯特编码。

信号经过调制后的传输称为频带传输，根据调制信号为模拟或数字又可将其分为模拟调制传输和数字调制传输；根据调制信号控制被调信号的方式又可将调制分为幅度调制、频率调制、相位调制和脉冲调制等。调制信号传输即频带传输主要解决信号的有效传输和传输介质共享这两个问题。

物理信号的产生和处理需要相应的电子元器件组成的电子电路与系统的支撑。

6.2.5　信息闭环处理

在主客体系统中，主客体活动的流程为：主体对客体对象的感知、主体感知神经传导、主体大脑信息处理（含决策）、主体行为动作执行。在以物联网为基础的信息处理系统扩充主客体系统时，多主客体系统以物联网为支撑，首先通过物联网系统中的感知部件感知客体对象的属性状态而获得感知信息数据，其次通过物联网系统中的网络部分将感知信息数据传输到信息处理服务器系统部分，以供多主体、多应用共享使用。此时信息访问终端通过网络访问信息处理服务器系统中的数据及其服务获取相关服务应用，以实现对相关客体的控制等。基于物联网的主客体系统如图 6-1 所示。

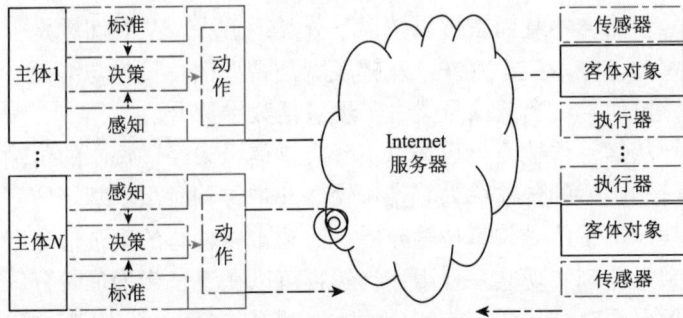

图 6-1　基于物联网的主客体系统

在上述基于物联网的主客体系统中，各主体可以通过物联网感知其感兴趣的客体的某些属性状态信息，这些感知信息数据首先通过物联网传输到相关服务器或终端被处理，然后主体通过其信息访问终端来访问物联网上的服务器，从而获得相关数据或服务。

6.3　数据安全属性

6.3.1　安全内容与安全威胁

物联网感知系统的安全，即保证信息感知过程的数据安全和位置安全；物联网接入和传输系统的安全，即保证数据传输过程中信息不被泄露，不被非法利用；物联网数据处理安全，即保证数据存储、使用的安全和数据隐私安全，防止通过数据来追踪数据来源，保证数据匿名性。

信息的安全威胁包括以下几种情况：

（1）信息泄露，非授权用户获取敏感数据。

（2）信息破坏，非法手段修改数据。

（3）信息杜撰，非法手段伪造数据。

（4）拒绝服务，系统由于执行其他事项而消耗资源，从而无法正常提供服务。

6.3.2　安全属性与安全技术

数据从 S 向 D 传输，会出现以下几种安全属性问题。

（1）S 发送、D 接收的同时，另一个非授权用户 U 也接收到该数据，此时为数据机密性问题，即数据信息在产生、传送、存储和处理过程中不泄露给非授权用户。

（2）S 发送、D 接收时，受另一个用户 U 的影响 D 接收的数据不完整，这为数据完整性问题，即数据信息不被有意识地修改、破坏的特性。

（3）S 发送、D 接收时，另一个用户 U 将 S 发送的数据截取后伪造成另一数据发送给 D，这为数据不可抵赖性问题，即数据的发送方不能抵赖其发送行为的问题。

针对安全威胁，有以下安全技术保障信息的安全：

（1）数据信息加密，利用流密码或对称密码技术对数据进行加密。

（2）数字签名，由散列函数加非对称密钥加密来保证完整性和可追溯性。

（3）访问控制，身份认证是通信双方可靠验证对方身份的技术；身份认证系统由认证服务器、认证系统用户端和认证设备组成；访问控制是在身份认证的基础上，依据授权对提出的资源访问请求加以控制。

6.3.3　安全体系

信息安全管理体系（information security management systems，ISMS）是建立和维持信息安全管理体系的标准，标准要求组织通过确定信息安全管理体系范围、制定信息安全方针、明确管理职责、以风险评估为基础选择控制目标与控制方式等活动建立信息安全管理体系。信息安全管理体系是按照《信息技术　安全技术　信息安全管理体系　要求》（IDT ISO/IEC 27001：2005）的要求进行建立的；体系标准包括《信息安全管理标准》（BS 7799-2：2002），控制方式指南如《信息技术-信息安全管理实施规则》（ISO/IEC 17799：2000）"。

6.4　语　　言

语言是人们交流思想的工具，人们创造了用于通用交流的自然语言和用于专门用途的人工语言。根据信息论原理，人们表达的含义即信息需要经过信息逻辑编码和信号物理编码后才能利用信号传输实现信息交流。

6.4.1　开关电路与布尔代数

1938 年，香农发表了著名论文"继电器和开关电路的符号分析"（A symbolic analysis of relay and switching circuits），首次用布尔代数进行开关电路分析，并证明布尔代数的逻辑运算可以通过继电器电路来实现[22]。

　　因此，开关电路的操作与 0/1 二值逻辑代数实现映射，使得利用开关电路实现二值逻辑代数的计算成为可能，即出现用存储的 0/1 序列实现计算的机器代码程序。由于 0/1 形式的机器代码难以记忆，人们采用助记符与 0/1 序列对应的方式进行编程即出现了汇编语言。人们继续将与机器代码一一对应的汇编语言发展为更加接近于人类自然语言的高级语言，并将共用代码封装为库以被调用，从而形成计算机特定语言的编程生态。汇编语言经过汇编器翻译为机器语言后才能由计算机执行；高级语言需要经过编译器翻译为机器语言后才能由计算机执行。高级语言与汇编语言、机器语言之间可能存在的映射拓展了高级语言适应处理器的可移植性。

6.4.2　高级语言

　　高级语言包括词汇表（vocabulary）、显示定义的文法（grammer）、构造良好的语法（syntax）规则和语义（semantics）解释。这些基本属性的严格规定便是由高级语言到低级语言的机器翻译。虽然高级语言具有移植性好等优点，但在编译程序的目标程序、子程序库、要求快速实现的代码等领域还需要使用低级语言。

　　程序设计语言是用来描述计算机执行的算法的形式表示。程序设计语言由语法与语义两部分组成：语法是用于构造程序及其成分的一组规则的集合，需要采用有限描述定义无限语句的语言（如递归），常用生成（有限规则生成有效句子）和转换（转换图识别合法句子）两种方法，且任何产生式生成的语法均可以构造出一个等效的语法图；语义是由规定语法正确的程序及其成分的含义的一组规则组成的集合，称将语言结构映射到含义明确的论域/定义域中为语义描述，语义的形式描述是计算机科学的重要内容。

1. 语法

　　语言中的词汇表的元素称为字（word），形式领域称为符号（symbol），符号是由字母表中的元素构成的串；词法规则（lexical rules）规定哪些字符串为语言的有效符号。语法定义为确定句子的集合的一组规则或公式，其不仅可以判断一个符号序列是否是一个句子，还提供了帮助理解句子含义的结构。结构的定义总是考虑从属于语义这一更高目的。为了用有限的规则定义可能出现的语句，需要采用诸如递归等方式的定义。

　　一般采用被称为元语言的巴克斯-诺尔范式（Backus-Naur form，BNF）对计算机程序设计语言进行形式化描述。BNF 是一种形式化的语法表示方法，是第一个上下文无关的语法描述体系，称为元语言。扩展的巴克斯-诺尔范式（extended BNF，EBNF）建议增加"[]{}"，其比 BNF 更简洁，已成为事实上的定义编程语言的语法。另外，协议 RFC5234 规定的增强的巴克斯-诺尔范式（augmented BNF，ABNF）[23]被广泛使用，其正式表达更小部件如何按顺序串级成机器可处理的字符串［含统一资源定位符（uniform resource identifiers，URIs）］。

BNF 使用以下语法：

（1）非终结符（nonterminal）包括到尖括号"<and>"中。

（2）规则（rules）写为 $X::=Y$：其中，X 为出现在规则左边的变量，其为一个非终结符；Y 为出现在规则右边的变量，其可能为终止符、非终止符或终止符和非终止符的串接，也可以是由交替符号"|"分割的一组字符串。

BNF 的语法具体如下。

（1）双引号""：双引号中的字代表字本身；双引号外的字代表语法。

（2）尖括号<>：尖括号内包含的为必选项。

（3）方括号[ ]：方括号内包含的为可选项。

（4）大括号{ }：大括号内包含的为可重复 0~N 次的项。

（5）圆括号（）：圆括号内包含的为一组，用来控制表达式的优先级。

（6）竖线|：竖线表示其左右两边任选一项，相当于"OR"。

（7）∷＝：表示前面的部分"被定义为"后面的部分。

（8）"…"：表示术语和符号。

（9）斜体字：参数，其他地方解释。

上下文无关语法（context-free grammar）：对于 L 语言，上下文无关语法定义了 L 语言中作为合法语句的符号串的集合。

语言的一个完整语法描述称为文法，其可以描述为 $G=(N,T,P,S)$ 四元组，其中，N 为非终结字符集；T 为终结字符集；P 为产生式集；S 为开始符，且 $S \in N$。

上述中，出现在左右的非终结符构成递归定义（recursive definition）。

对于上述 BNF 描述的产生式生成语法，可以构造出一个识别视角的语法图（等效），用于识别该语法生成的合法句子。语法图的构造规则为：

（1）每一非终结符 N 连同相应的产生式 $N \rightarrow \alpha_1 | \alpha_2 | \cdots | \alpha_n$ 映射到一个语法图 N，其结构由产生式右边按规则 BNF 决定；

（2）α_i 中出现一个终结符 x，以圆形框中的 x 进行标记；

（3）α_i 中出现一个非终结符 N，以矩形框中的 N 进行标记；

（4）形如 $N \rightarrow \alpha_1 | \alpha_2 | \cdots | \alpha_n$ 的产生式映射为 α_i 的并联，且 α_i 是按规则 BNF 应用得到的；

（5）形如 $\alpha = \beta_1 \beta_2 \cdots \beta_m$ 的产生式映射为 β_j 的串联，且 β_j 是按规则 BNF 应用得到的；

（6）形如 $\alpha \rightarrow \alpha\beta | \gamma$ 的产生式映射为 γ 串联 β 反馈环。

Fortran 语法定义采用自然语言描述，ALGOL60 语法定义采用 BNF 描述，

Pascal 语法定义采用语法图定义（语法结构直观）。根据需要采用生成方法或识别方法定义语言。

2. 语义

语言的语义规则定义语言合法句子的含义。语言的语义描述工具包括自然语言、形式语义学（如操作语义学）等。

操作语义学[24]指将语言成分所对应的计算机系统的操作作为语言成分的语义，其基本思想源于程序设计语言的实施。1964 年 1 月，P. J. 兰丁使用"栈-环境-控制-外储（stack，environment，code，dump，SECD）"抽象机器系统严格陈述了表达式的操作语义。20 世纪 60 年代国际商业机器（International Business Machines，IBM）公司的维也纳实验室提出维也纳定义语言（Vienna definition language，VDL）这一描述操作语义的元语言；1974 年，欧洲计算机制造商协会和美国国家标准局正式建议使用 VDL 定义的 PL/1 语义作为 PL/1 的标准。

论域理论是讨论语言成分指称物的数学结构，以及提供在这种数学结构上定义语言成分的语义和推导语言成分特性所必需的数学工具。以论域理论为基础，英国牛津大学 C. 斯特拉切于 1964 年前后提出了指称语义学（denotational semantics）的主要思想，秉承语义是语言成分本身固有的而非计算机系统相关的理念。IBM于 20 世纪 70 年代初发展了基于指称语义学方法开发软件的工程方法——维也纳开发方法（Vienna development method，VDM）。1980 年前后，英国爱丁堡大学的计算机科学家提出结构式操作语义学，它在一般的数学结构（不必是抽象机器）上用数学的归约关系建立语义的解释系统，这种方法具有指称语义学的结构式特征，并更多地略去了机器操作的细节。

操作语义学在讨论语言的语义时并未考虑其具体实现，实现语言的语义的实际机器需要在抽象机（abstract machine，GAM）基础上给出具体限制和结构。

3. 抽象机

抽象机用来定义和理解语言结构的语义，其由一个指令指针（instruction pointer，IP）和存储器（memory）组成。存储器分为代码区（cde area）和数据区（data area）；IP 指向代码区的一个存储单元，该存储单元存放一条指令；$C[i]$ 和 $D[i]$ 表示代码和数据存储区的第 i 个单元。如果代码长度为 N 个存储单元，则"IP: = IP + N"表示 IP 指针指向下一跳指令。

GAM 一旦启动，由专门的装入程序（loader）将待运行程序装入存储器中的代码区，并将 IP 指向第一条指令。然后执行 IP 指向的指令。修改 IP：若所执行的指令已修改 IP（跳转指令），则不修改 IP，否则按"IP: = IP + N"修改 IP；若IP 指向特殊的 STOP 指令，则停止执行，否则回到执行 IP 指向的指令。

6.4.3　程序设计语言发展

随着系统越来越复杂，对系统的可靠性、可维护性和可扩展性的要求提高，对语言也提出了要求。

高级语言能较好地兼顾人对机器的有效使用和机器的使用效率。

6.5　强制性语言

程序设计语言可分为强制式语言（imperative language）、函数式语言（functional language）、逻辑式语言（logical programming language）和面向对象语言（object-oriented language）等。强制性语言是面向语句的语言，也就是命令式语言。这类语言的程序的最小单位为语句，语句的集合完成规定的任务。冯·诺依曼体系是命令式语言的实现基础。

6.5.1　冯·诺依曼体系

对于典型的主客体系统，主体感知客体属性状态信息数据后，需要对其进行相应的处理，以获取相应信息，再根据获取的信息进行态势分析和判断，从而执行某种动作。因此，其不仅需要信息处理的运算器，还需要对各种处理进行控制的控制器，以及输入输出设备。同时，在基于"认识与改造"的实践模式下，任何一个以人造物形式辅助主体人进行处理的设备对信息的处理都需要事先确定对事物即数据的处理流程，因此需要存储器、寄存器进行程序和数据存储。

1945 年，冯·诺依曼发表了存储程序计算模型，即冯·诺依曼模型，其计算机体系由控制器（控制单元）、运算器（算数逻辑运算单元）、存储器/寄存器、输入设备和输出设备五部分组成，其指令和数据都存储在同一个存储器中。存储程序原理如图 6-2 所示。

冯·诺依曼模型包括用于输入输出数据的输入输出设备、用于存储指令和数据的存储器、

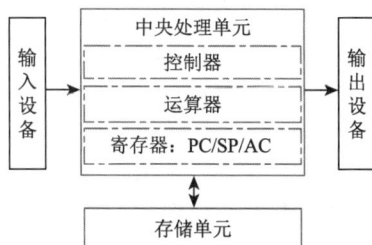

图 6-2　存储程序原理

用于从存储器中取出指令或数据并将结果存入存储器的控制器和用于数据的算术逻辑运算的处理器，计算机只要具有上述五个部分就能实现程序的自动执行。

冯·诺依曼模型的特点如下：

（1）指令、数据以二进制形式进行存储；

（2）存储执行前需先将程序存储于存储器的某个位置，即存储程序的执行方式；

（3）程序执行为顺序执行，但可以由指令强行改变执行顺序；

（4）存储器的内容可以被修改（一般为数据的修改）。

具体而言，输入设备的功能是实现数据和指令从计算机外部到存储器的过程；输出设备的功能是实现计算结果从存储器到计算机外部的过程；存储器用于存储数据和指令；控制器用于执行指令，每执行一条指令完成一次操作，通过执行一系列指令完成构成某个计算过程的一系列操作步骤；运算器用于实现数据的运算过程，这些运算过程包括两个数据的四则运算过程和逻辑运算过程等。

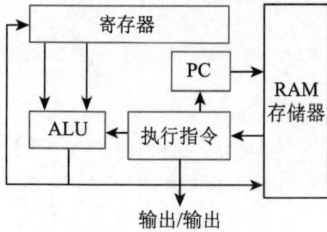

图 6-3　微处理器架构

基于程序员视角的、存储程序原理的微处理器架构如图 6-3 所示。

图 6-3 中，PC 为中央处理器（central processing unit，CPU），即将执行的指令的存储地址；控制器根据 PC 从随机访问存储器（random access memor，RAM）中取出需要执行的指令，并根据指令（译码）控制相应的算术逻辑运算单元（arithmetic logic unit，ALU）计算或控制输入输出设备的操作，根据指令更新 PC 值；算术逻辑运算单元根据指令从相应的寄存器或存储器取出操作数进行算术逻辑运算，并将结果存储到寄存器或存储器中以供进一步操作。

计算机的基本功能是进行字符处理和数的计算等。字符和数在计算机中以逻辑编码规定，并以物理编码，即器件物理状态/信号来表示。由于现有电子科学技术下数字电路元器件只具有两个状态，因此目前的计算机信息处理以二进制方式表示和运行。但需要识别的字符和数不止两个，故需要 N 位二进制表示，这就是计算机系统中的字的概念。由于计算机发展之初的存储体系是按照 8 比特，即 1 字节为单位组织存储的，故计算机的存储和字处理之间可能需要进行相应的匹配处理。

冯·诺依曼体系结构具有命令式语言的以下特征：

（1）变量。数据存放在由存储单元组成的存储器中，汇编语言通过对存储单元的命名来访问数据，命令式语言中由变量来代表存储单元，存储单元可以被修改（会产生副作用）。

（2）赋值。每一个计算结果必须存储，即对某个存储单元赋值。

（3）重复。指令存储在存储器中且语句按顺序执行，完成复杂计算需要重复执行某些指令。

1966 年，结构化程序/伯姆-贾可皮（Böhm-Jacopini）理论说明了任何算法都可以采用"顺序（sequence）、选择（selection）和循环（iteration）"语句实现。

6.5.2　绑定的概念

绑定（binding）是指对象/实体与其属性建立联系的过程。程序涉及诸如变量、语句和子程序等实体；对象/实体具有的特性称为其属性（attribute），变量的属性有名字、类型和保留其值的存储区，语句的属性为与之相关的操作，子程序的属性有名字、特定类型的形参和参数传递的约定等。处理对象/实体前需要将实体与其相关属性建立联系，即绑定；对象/实体的绑定由描述符（descriptor）描述对象/实体的属性来实现，如用类型说明语句描述变量的类型属性。对象/实体与其属性关联的时刻即绑定时（binding time），绑定一旦建立就会存续至下一次绑定。若绑定在运行前（编译时）完成，且运行时不改变称为静态绑定；若绑定在运行中完成称为动态绑定。

6.5.3　变量

语言引入变量是对存储单元的抽象，而赋值语句是对修改存储单元内容的抽象。变量由名字及其属性（作用域、生存期、值和类型）定义。

变量的作用域是指可访问该变量的程序范围，作用域内的变量是可见的（visible）和可操作的（manipulable），作用域外的变量是非可见的（invisible）；变量可静态或动态地绑定于某作用域，按照程序的语法结构定义变量的作用域称为静态作用域绑定（static scope binding），此时变量的每一次引用都静态地绑定于一个实际的变量说明。

变量的生存周期指变量绑定于存储区的时间区间。存储区及其保存的值称为数据对象（data object）或对象（object）。变量获得存储区的活动称为分配（allocation），分配包括运行前的静态分配和运行时的动态分配。变量分配的存储单元的个数称为变量的长度。

变量绑定的存储区存储数据的含义（编码结构）及对该数据的操作（建立、存取和修改）称为变量的类型。类型名常绑定于某一个值类和某一组操作。某些语言允许用类型说明方式（基于继承）定义新类型。变量可以静态或动态地绑定于某一类型，动态绑定类型为建立和操作数据结构提供了灵活性，但影响了程序的可读性。静态绑定为面向编译的语言，而动态绑定为面向解释的语言。

变量绑定的存储器单元内容的编码表示值称为变量的值，编码表示按变量的类型进行解释。变量的值可能是一个特定编码值或指向某个对象的指针。如果指针指向的对象也是指针，那么对象与被称为访问路径的引用链（reference chain）

相关联。若两个变量都有一条访问路径指向同一对象，则这两个变量共享一个对象。诸变量共享一个对象不仅可以节省存储空间，还可以共同维护对象值的变化。匿名变量的访问可以采用访问路径方法实现。变量与其值的绑定一般通过赋值来动态实现，但某些语言允许静态的（如参数定义）。变量初始化是指为变量分配存储空间后存储空间的具体数值问题。

6.5.4　虚拟机

虚拟机是针对编程语言而言的。机器语言的虚拟机是采用电子电路硬件实现的计算机 M_1，汇编语言的虚拟机是在机器语言虚拟机的基础上增加汇编程序的 M_2，高级语言的虚拟机是在汇编语言虚拟机的基础上增加编译程序的 M_3。虚拟机与抽象机的概念不同，虚拟机是在实际机器上配置某种软件扩大其功能而实现的系统，而抽象机仅仅是一个抽象的模型。

6.6　程 序 单 元

程序执行过程中的独立调用单元为程序单元（如子程序等）；程序单元可独立开发，且有些语言允许独立编译后再组合起来执行；程序中的程序单元在运行时依照控制流程逐一激活（activation）。

编译时一个单元的源程序称为单元表示（unit representation），运行时的一个单元表示由称为单元实例的一个代码段（code segment）和一个活动记录（activation record）组成，程序单元可理解为抽象概念，其运行时赋予具体的代码段和活动记录而构成一个单元实例。

代码段的内容为单元所具有的指令，这些指令对于程序单元的每一个实例都是相同地存储在抽象机的代码存储器中；而包括执行这些单元所需信息和该单元局部变量所绑定的数据对象存储区的活动记录则是可变的。数据对象在活动记录中的相对位置称为位移（offset），活动记录所占存储区的存储单元个数称为活动记录的长度。

若一个单元是子程序，则其可以被其他程序单元通过子程序调用激活，执行后返回调用点，故返回位置是必须保留的信息。因此，子程序调用时建立该子程序的一个实例并激活它，并将返回地址保存在这个实例的活动记录中。另外，若语言作用域规则允许时，一个程序单元可以引用未被本单元说明而被其他单元说明的非局部变量（nonlocal variable），一个程序中各单元均可以引用的变量为全局变量（global variable）。一个单元 U 的局部变量和非局部变量称为该单元 U 的引用环境（referencing environment），局部变量绑定于存储在 U 的当前活动记录中的数据对象，即局部环境（local environment）；非局部变量绑定于存储在别的程序单元的互动记录中的数据对象，即非局部环境（nonlocal environment）。一个单元的引用环境中绑定在同一数据对象的两个变量具有别名（aliase）。

程序单元可以递归激活，程序单元自己调用自己时为直接递归（direct recursion）；程序单元调用别的程序单元、再由该被调用程序单元调用该调用单元时为间接递归（indirect recursion）。一个程序单元递归激活时，其上一个活动记录尚未释放又产生一个新的活动记录。递归情况下的活动记录与其代码段的绑定是动态的，因为每次激活都形成一个新的实例。

6.7　形　式　文　法

文法是语言的生成系统，自动机是语言的识别系统。

6.7.1　文法

编译程序受高级语言与汇编语言的双重限制，同时编译程序也从实现机制方面对高级语言的设计起着重要作用。

文法 G 是一个 $G = (V_T, V_N, S, P)$ 四元组，其中，V_T 为终结符的非空有限集；V_N 为非终结符的非空有限集；$S \in V_N$ 为文法开始符；$P = (\alpha, \beta) = (\alpha ::= \beta) = \alpha \to \beta$ 为产生式的非空有限集（α 为包含非终结符的非终结符与终结符构成的串；β 为非终结符与终结符构成的串）。

6.7.2　文法产生的语言

诺姆·乔姆斯基（Noam Chomsky）将语言定义为"按照一定规律构成的句子和符号串的有限或无限的集合"。文法用来精确地描述语言和其结构。

1956 年，诺姆·乔姆斯基提出了四个层次的文法[25]，具体如下。

（1）0 型文法（无限制文法或短语结构文法）：包括所有的文法，即 $\alpha \to \beta \,|\, \alpha$，$\beta \in (V_N + V_T)^*$，且 α 至少包含一个非终结符。该文法可生成递归可枚举语言，且可被图灵机（Turing machine）识别。

（2）1 型文法（上下文相关文法）：其产生式文法为 $\alpha A \beta \to \alpha \gamma \beta \,|\, \alpha, \beta, \gamma \in (V_N + V_T)^*, A \in (V_N)^*$，且 γ 不能是空串。该文法可生成上下文相关语言，其可以被线性有界非确定图灵机识别。

（3）2 型文法（上下文无关文法）：其产生式文法为 $A \rightarrow \gamma \mid A \in (V_N)^*, \gamma \in (V_N + V_T)^*$。该文法可生成上下文无关语言，且可被非确定下推自动机识别。

（4）3 型文法（正规/正则文法）：其产生式文法可分为左线性文法 $A \rightarrow Ba \mid A, B \in (V_N)^*, a \in (V_T)^*$ 与右线性文法 $A \rightarrow aB \mid A, B \in (V_N)^*, a \in (V_T)^*$ 两种。单独的左右线性文法可生成正规/正则语言，其可以被有限状态自动机识别。

上述四种文法具有包含与被包含的关系。对于正规/正则文法（3 型文法）、上下文无关文法（2 型文法）、上下文相关文法（1 型文法）、无限制文法（0 型文法），如果用 G_0、G_1、G_2、G_3 分别表示 0 型文法、1 型文法、2 型文法、3 型文法，那么 $L(G_0) \supseteq L(G_1) \supseteq L(G_2) \supseteq L(G_3)$。

6.7.3　自动机

自动机是识别文法产生的语言的一种计算模型。与诺姆·乔姆斯基描述的文法对应的自动机分别为图灵机、线性有界非确定图灵机、非确定下推自动机、有限状态自动机。

图灵机是一种在理论计算机科学中广泛采用的抽象计算机，用于精确描述算法的特征。通用图灵机正是后来的存储程序的通用数字计算机的理论原型[26]。确定型图灵机是英国数学家艾伦·图灵于 1936 年提出的一种抽象计算模型，其更抽象的意义为一种数学逻辑机，可以等价于任何有限逻辑数学过程的终极强大逻辑机器。

图灵机由无限格带子、读写头和控制器组成。无限格带子中的符号可能是有限符号集 $(S_1, S_2, \cdots, S_N)$ 中的某个符号或者空格符；读写头可以读到其指向的某个格子中的符号，并输出符号到格子中；控制器处于有限状态中的某个状态 $(q_1, q_2, \cdots, q_M)$，初始状态为 q_1，控制器根据指定的规则和读写头读入的符号从一个状态转变到另一个状态，图灵机计算正常结束后处于停机态。读写器与控制器能够在格子上左右移动一格。

控制器中的规则通过指令指定，指令则由"控制器当前状态 q_i、读写头读取的符号 S_k、写入格子的符号 S_l、控制器转换后的状态 q_j、读写头移动方向 D"构成。因此，图灵机的程序可以写为一个具有五元素体的优先状态集：

$$T_{\text{Simple}} = \{q_i, S_k, S_l, q_j, D\} \tag{6-1}$$

控制器每次操作完成的功能是实现转换函数：

$$Q \times S \rightarrow Q \times S \times \{\text{LS}, \text{RS}, \text{HD}\} \tag{6-2}$$

式中，Q 为控制器状态集；S 为符号集；LS 为读写头左移；RS 为读写头右移；HD 为读写头保持。

控制器每执行一条指令完成一次操作，该操作依据控制器当前状态和读写头读到的符号，实现"控制器转换后的新状态、读写头重新写入的符号和读写头进行的移动"三个结果，直到控制器转换后的新状态为停机状态。

图灵机的每次计算过程需要完成"定义符号集、定义状态集和设计指令序列"等配置。

（1）定义符号集：图灵机每次操作实现的计算是以控制器当前状态和读写头当前位置读到的符号为关键词，以控制器状态转移和读写头当前位置新写入的符号为结果的一次检索过程。符号集中的符号涵盖了计算前的原始数据和计算后的结果数据，不同的计算对象有着不同的符号集。

（2）定义状态集：控制器当前状态和读写头当前位置读到的符号决定了控制器本次操作所实现的计算功能，控制器状态转换方式决定了控制器已经完成的操作对控制器下一次进行的操作的影响。相同的一系列操作步骤能够实现对任意符号串的计算的关键是状态集包含的状态及状态之间的转换方式。不同的计算需要定义不同的状态集和状态之间的转换方式。

（3）设计指令序列：每执行一条指令完成一次操作过程，执行一系列指令完成一系列操作步骤，一系列操作步骤构成对符号串的完整计算过程。设计指令序列就是在已经定义的符号集和状态集的基础上确定完成符号串计算需要的操作步骤，以及每一个操作步骤需要实现的转换函数。

图灵机只是一个实现自动计算的计算模型，现代计算机是其一种实现。在图灵机的工程实现中，首先需要考虑将符号集中的符号和状态集中的状态转换为控制器电路能够处理的编码；其次需要考虑适合图灵机控制器的指令格式，其不仅需要规范指令中各元素的表示形式，还需要定义的指令集具有完备性，定义完整的指令集需要给出图灵机能够实现的所有计算过程的操作步骤集，并以指令集的方式予以明确；最后需要完成控制器电路设计和实现存储、读写。

6.8　处理器架构

6.8.1　结构与组织

体系结构（architecture）和组织（organization）是系统设计时需要注意的重要概念。体系结构关注系统功能，描述做什么，而组织关注系统结构关系，描述如何做。也就是说，体系结构处理高层设计即实现系统首先考虑的因素，而组织处理低/底层设计即实现系统次要考虑的因素。体系结构指示硬件构成系统，而组织指示硬件实现的性能。在计算机系统中，体系结构考虑的是诸如指令集、寄存器、数据类型和寻址方式等的指令集体系结构（instruction set architecture），而组织考虑的是诸如组成的电路设计、加法器和外设等物理单元的微体系（micro architecture）。体系结构协调系统中的软硬件，而组织处理系统中的网络部件（segment）。

6.8.2　指令集体系

存储程序原理只涉及体系结构及硬件组成，计算机进行计算还需要软件的配合，即需要各种程序，而程序由指令组成。计算机之所以能脱离人的干预而一直运行下去，是因为其按存储的程序执行指令。例如，对于两个数的相加运算，其涉及以下几个步骤：

（1）将第一个数从其地址指示的存储器中取出，送至算术逻辑运算单元中；

（2）将第二个数从其地址指示的存储器中取出，送至算术逻辑运算单元中；

（3）在算术逻辑运算单元中进行"加"运算；

（4）将结果放入指定地址的存储器中，以供其他指令访问和进一步处理。

上述最基本的操作都至少包含一条指令（有些微处理器可能将上述多个步骤集成为一条指令），计算机能执行的全部指令称为指令系统或指令集。由于指令系统对下规定了微处理器的物理实现框架、对上规定了高级语言程序及其编译程序的编译映射，故微处理器指令系统具有非常重要的地位。将需要解决的问题用计算机指令编写的程序称为源程序；源程序分为高级语言程序、汇编程序和二进制代码程序。

指令分为操作码和操作数两部分：操作码标识计算机执行功能，而操作数标识参加运算的数或数的地址。例如，在 Z80 中，0×7EH 为从存储器取数指令，0×77H 为向存储器存数指令，0×87H 为加法指令等。根据指令长度是否等长可将计算机分为 RISC（reduced instruction set computer）指令集和 CISC（complex instruction set computer）指令集两大类。其中，ARM（advanced RISC machine）是 Acorn 计算机公司设计的一种 RSIC 类型的 CPU，X86 是英特尔（intel）的一种指令集架构。

6.8.3　寻址方式

操作数可能在指令中，也可能在存储器中。在计算机中如何寻找操作数的过程称为寻址。计算机寻址方式一般包括以下几个方面。

（1）立即数寻址：操作数在指令中。

（2）寄存器寻址：操作数在某个寄存器，如 AX 中。

（3）直接寻址：指令中的第二字节给出操作数地址。

（4）寄存器间接寻址：寄存器中存储的数是操作数地址。

6.8.4　处理器时序

微处理器的指令执行可以进一步细分为时序操作，以下为以 Z80 为例的典型指令时序的特点。

（1）T 周期为时钟周期；机器周期一般包括 N（Z80 中为 3～6）个 T 周期，完成基本操作，如存储器存取一个字节；指令周期是指执行一条指令的周期，一般包括 M（Z80 中为 1～6）个机器周期。

（2）CPU 读取存储器中的数据时序为：T_1 上升沿后 CPU 给出地址 A；T_1 下降沿后 CPU 给出存储器访问信号（memory request，MREQ）和读写（read/write，RD/WR）；CPU 在 T_2 等待；CPU 在 T_3 下降沿后读取数据总线上的数据。

（3）如果上述存储器与 CPU 速度不匹配，CPU 通过其 WAIT 信号来对 CPU 和存储器之间的速度进行匹配；如果存储器速度跟不上 CPU，其将设置 WAIT 信号有效，CPU 在读取数据前需要读取 WAIT 信号，只有 WAIT 信号消失等待一个周期后再读取数据总线上的数据。

6.8.5　处理器架构实现

微处理器架构中主要涉及 ALU、PC、堆栈指针（stack pointer，SP）、总线（bus）、寄存器（register）、辅助寄存器（asistant register）、memory、中断管理器、总线与外设等。

存储器是程序存储的部件，计算机中的存储器主要采用半导体存储器。计算机由于有存储器才有记忆功能，才有存储程序及其执行。从存储功能上可将其分为只读存储器（read-only memory，ROM）和 RAM，即不可挥发存储和可挥发存储，其 ROM 又可以衍生出可编程只读存储器（programmable read only memory，PROM）、可擦除只读存储器（erasable programmable read-only memory，EPROM）、电可擦除只读存储器（electrically erasable programmable read-only memory，EEPROM）、闪存（flash）等。根据 ROM/PROM、EPROM、EEPROM、Flash 的存储具有不可挥发性质，其一般用于存储程序，而根据 RAM 的速度快、易于擦写等特点，其一般用于程序运行。在计算机体系中，一般将 ROM 和 RAM 都纳入计算机的寻址空间统一编址。

微处理器外设：原始程序、数据等需要从输入设备输入，而最终的数据需要输出到输出设备以供其他使用，故输入输出设备非常重要。CPU 对输入输出设备也存在寻址，一般可分为存储器对应的输入输出寻址和端口寻址两类。其中，存储器对应的输入输出寻址采用与存储器统一编制和一致的访问方式，而端口寻址则是独立编址。CPU 与输入输出（input/output，I/O）之间的接口信号包括控制信息、数据[包括开关量、数字量和模拟量模拟数字化（analog-to-digital，AD）]、状态信息。

CPU 与 I/O 之间的数据传输方式主要包括：无条件传送方式/同步方式一般用于外部控制过程的动作固定且条件已知的情况下，其可以不查询外设状态而直接传送信息；查询传送方式（条件传送或异步传送）一般用于 CPU 根据某一条件进行周期性查询，当条件满足时就进行数据传送；中断传送方式一般用于微处理器灵活处理随机事件；CPU 与 I/O 之间的直接数据通道传输（direct memory access，DMA）一般用于外设和内存之间的大量数据交换，其不通过 CPU 而直接进行数据传输，节省了中断传送中的断点保护等耗费的时间。

6.8.6　中断机制

中断：CPU 与外设交换数据时，由于外设的速度差异巨大，故 CPU 采用诸如查询等方式解决与速度慢的外设交互时需要耗费大量的时间等问题，这可以通过提高外设速度进行弥补，但更重要的是从机制上提升系统性能，中断是一种在 CPU 和外设之间交换数据的主要机制。由于中断机制的出现，CPU 可以对多个外设进行中断交换数据，中断赋予了 CPU 分时操作的功能。由于不同于查询具有固定的时间间隔，中断不仅满足 CPU 和外设各自提升性能的需求，还可以对外设数据交换实现实时操作。同时，由于中断机制的出现，对于某些可修复故障，CPU 可以利用中断处理实现自动故障处理，而不必要报告工作人员。

中断源主要有一般输入输出设备、数据通道中断源（磁盘等）、实时时钟、故障源（在掉电时需要保护程序现场）等。

中断系统的功能主要是实现中断、返回与中断优先级排队等。

CPU 响应中断的条件主要包括以下几个方面：

（1）中断源有中断请求时设置中断请求触发器；

（2）CPU 根据对不同中断源是否需要屏蔽而设置中断屏蔽触发器/寄存器；

（3）CPU 根据具体情况设置其内部的中断允许触发器/寄存器；

（4）对于有中断、未屏蔽和允许的中断，CPU 在执行完现行指令后就会响应中断，此时 CPU 发出中断响应信号即关中断，保留断点即保存 PC + 1 指针到堆栈，保护现场即将中断服务程序中使用到的寄存器和标志位压入堆栈，给出中断入口地址即转入中断服务程序，恢复现场，开中断和返回。

6.8.7　处理器驱动

微处理器系统的驱动指对微处理器硬件资源，如能源、时钟与定时、存储器

（寄存器）与端口、中断与外设等进行读取状态、执行控制的程序、进程。这样，应用程序、进程在与这些资源进行交互时只需要以子程序调用方式就可以实现，以便于应用程序的开发与应用。掌握微处理器中断处理方式中的主程序、中断向量表和中断服务程序是理解微处理器驱动的最重要概念，以下要点有助于掌握微处理器驱动。

（1）微处理器的程序预先存储在计算机的存储器中（微处理器中的存储器主要分为存储程序的 ROM 和执行程序的 RAM 两个区域）。

（2）微处理器 CPU 即将执行的指令是 PC 所指的地址的指令（数据），且在微处理器初始化（reset）时 PC 初始化为一固定值（8051 为 0000H），故初始化后微处理器（8051）执行的第一条指令位于 0000H 处。

（3）一般而言，初始化程序指针所指地址 0000H 地址存储"JMP Main"指令，从而执行微处理器的主程序即初始化程序，对微处理器资源和外设等进行设置，在中断处理机制情况下一般进入"Idle"等待指令，等待中断后进入中断处理程序。

（4）微处理器 CPU 中有中断控制寄存器和中断状态寄存器，实际应用应根据具体情况设置相关的中断控制寄存器，当有中断（含不可屏蔽中断和可屏蔽中断）时中断状态寄存器显示中断请求，从而触发中断。

（5）对于微处理器所有的中断，需要将其中断处理程序的入口地址放置在中断向量表中，在中断触发后 PC 从中断向量表中取出中断入口地址，从而进入中断服务程序。

（6）在当前程序被中断进入中断服务程序时，中断服务程序首先要将其内部使用的 CPU 资源如寄存器等压入堆栈进行保护，以便于在中断服务程序完成后弹出堆栈，恢复被中断程序的现场状态，从而完成一次中断服务。

6.9　嵌入式系统

嵌入式系统是以应用为中心，以计算机技术为基础，以用户的功能、可靠性、成本、体积、功耗、环境等需求为基础，组合计算机软硬件模块而构成的专用计算机系统。

嵌入式系统主要由嵌入式处理器、嵌入式操作系统、嵌入式应用软件等组成，以实现某种特殊的应用服务。

6.10　小　　结

处理器信息处理架构是信息处理的基础性架构，存储程序原理是信息处理的基础原理，微处理器是信息处理的重要部件，嵌入式系统是信息处理的重要系统。

第7章 开放系统互联参考模型

7.1 引　言

信息处理系统处理信息时需要相互交换信息数据，信息处理系统之间数据交换本质上是在进程即运行的应用程序之间进行数据交换；由于信息处理系统的多任务体现于多程序运行的多进程方式，因此信息处理系统之间的数据交换需要解决的是多进程之间的通信问题。

进程间的数据交换是跨越异构物理系统（基于微处理器硬件系统与系统软件）、保障收发双方语法一致下数据（比特或字节）的可靠、安全交换。这一综合、复杂功能的实现，可以按"还原论"思想将其转换为按子功能分级/分层处理的提升效率的实现方式（分层结构的分工协作实现方式易于每层提升效率而获得整体性能和效率的提升）。图7-1为国际标准化组织提出的解决开放系统互联参考模型 OSI-RM[27]。

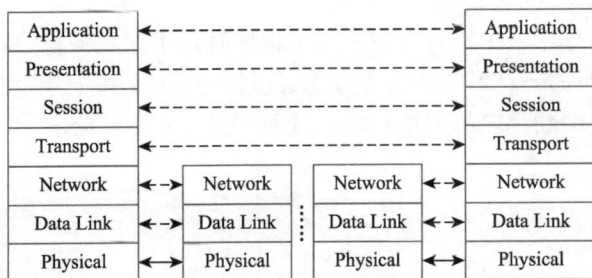

图 7-1　开放系统互联参考模型

在开放系统互联参考模型中，除国际标准化组织提出的 OSI-RM 外，还包括源于 APARnet、用于 Internet 的 TCP/IP 参考模型；图7-2为 OSI-RM 与 TCP/IP 模型的分层结构对应图。

上述模型中，每一层代表对数据的某一种处理，在发送方进行的数据变换需要在接收方进行相应的逆变换，称某层中预先约定的对发送数据的变换处理与接收数据的逆变换处理为某层的协议。完整的数据交换需要各分层对数据的变换和逆变换的拆分与综合，上层需要调用下层的服务原语（直至物理层），以最终实现应用层的数据交换。理解开放系统互联参考模型首先要认识各层实现的功能，功能是由数据结构反映的协议静态特征，然后分析协议的动态实现，即数据帧中各部分功能的实现机制。

Application	Application: DNS/FTP/HTTP/
Presentation	Telnet/SNMP
Session	Transport: TCP/UDP
Transport	
Network	Internet:IP/ICMP/IGMP/GGP
Data Link	Network Access: ARP/MAC
Physical	Physical: Coax/Fiber/Wireless

图 7-2　OSI-RM 与 TCP/IP 模型

7.2　协议与服务原语

协议与服务是开放系统互联参考模型中的基础概念。微处理器系统中的进程间交换数据需要实现语法意义下的数据通信，即实现数据表示一致性条件下的数据通信这一系统复杂的任务。基于还原论和分工合作思想，将这一系统复杂任务按逻辑功能分解为前后关联的 n 组变换处理；收发双方预先确定其对数据的变换处理及通过对变换处理的"控制与状态"进行编码标识来协同数据的正反向变换处理，称收发双方预先确定的对数据的变换处理及其"控制域状态"编码标识方法为协议；同时，对数据变换处理的前后组之间形成了服务的调用与被调用关系。

参考模型中具体变化处理步骤如下：

（1）进程间待交换数据。$D[I]$ 为最初的协议数据单元 PDU，即 $PDU_{n+1}(D[I])$。

（2）第 n 层对其上的协议数据单元 PDU 的处理。将上层的协议数据单元 $PDU_{n+1}(D[I])$ 视为本层的服务数据单元 SDU，即 $SDU_n = PDU_{n+1}(D[I])$；对服务数据单元进行变换处理 $T_n(PDU_{n+1}(D[I]))$；对变换处理进行"控制与状态"编码标识 C_n；将编码标识与对服务数据单元的变换处理组合为该层的协议数据单元 $PDU_n = C_n + T_n(PDU_{n+1}(D[I]))$。

（3）循环上一步处理直至最底层的协议数据单元 $C_1 + T_1(\cdots(C_n + T_n(PDU_{n+1}(D[I]))))$。

服务是 OSI-RM 中某层向上层提供的一组功能调用的原语（操作），原语涉及的功能则由协议规范的实现完成。协议描述的是同层对等实体之间交换的协议数据单元的数据帧格式和意义的一组规则（即对其服务数据单元的处理及其"控制与状态"的编码标识）。每层的实体利用协议来实现其服务定义；服务和协议的这种关系可以保持提供服务的相对不变与协议实现性能的渐进提高的统一性。

　　一般而言，在发送方和接收方的第 7～4 层没有数据单元大小的特别限制，而在物理网络相关的第 3～1 层有数据单元具体大小的限制。因此，PDU（N）比 SDU（N–1）小较多时可采用拼接（concatenation）方法将多个 PDU（N）拼接为一个 SDU（N–1）；而 PDU（N）比 SDU（N–1）大时需要将 PDU（N）分割（separation）为多段后再各自调用服务原语，即单独形成 SDU（N–1），从而提高系统的利用率和效率。

　　OSI-RM 中包括应用层、表示层、会话层、传输层、网络层、数据链路层和物理层共 7 层；其上下层之间服务与被服务的关系是每层的活动实体承担的，但由于顶层即应用层的多样性、后续层的活动实体资源有限性与服务按需使用的原则，上层需要采用服务原语调用下层活动实体；服务是在服务访问点提供给上层，这些服务形式是由一组服务原语描述的。

　　服务原语是描述服务的一组原语，这些原语供用户或其他实体访问该服务。OSI-RM 中服务原语分为四类：

　　（1）Request，用于实体要求服务提供者提供某项功能；

　　（2）Indication，用户实体被告知某件事发生；

　　（3）Response，用户实体表示对某件事的响应；

　　（4）Confirm，用户实体受到关于其请求的应答。

　　OSI-RM 中下层向上层提供的服务分为面向链接服务和无链接服务两种，故上述原语共有 8 种。面向链接服务在数据传输前需要先建立数据链路以保障数据传输的顺序，而无链接服务则直接进行数据传输，其数据传输顺序由本层之上的其他层保障。服务原语可以带参数，如"链接请求"其参数可能表明其要与哪台计算机链接、需要服务的类别、拟在链接上使用的最大报文长度等。

7.3　协　议　分　层

　　按照还原论的思想，开放系统互联参考模型根据交换数据的处理步骤分为应用层、表示层、会话层、传输层、网络层、数据链路层和物理层等七层。

7.3.1　应用层

　　应用层作为应用程序产生和解释数据（可能提供数据加解密功能）的实体；

该层的协议数据单元 PDU 是应用程序待交换的数据；应用层调用表示层的原语来实现应用处理的应用程序服务；信源与信宿之间的应用处理由共同的应用服务程序提供语法变换等处理。

7.3.2　表示层

表示层完成计算机对数据语法的一致性表示；表示层的服务数据单元 SDU 为应用层的协议数据单元 PDU，表示层的服务数据单元 PDU 为其对应用层的服务数据单元处理后的数据和处理的控制与状态信息；表示层响应应用层的应用服务请求、并向会话层提出服务请求；表示层解决了应用层在终端系统中语法表示的差异化和数据加密等与表示相关的问题。

7.3.3　会话层

会话层建立安全、认证的通信会话；会话层的服务数据单元 SDU 为表示层的协议数据单元 PDU，其为表示层服务数据单元经处理后的数据与处理的控制、状态信息数据的组合；会话层响应表示层的应用服务请求，并向传输层提出服务请求；会话层为终端用户的应用进程之间提供管理会话的机制，其提供双工或半双工操作，并建立会话、终止会话与重启会话等。

7.3.4　传输层

传输层提供链路的建立与释放、流量与拥塞控制、分段/重组与复接/分接等服务；传输层的协议数据单元 PDU 可能是会话层分段数据变换处理后的数据与处理的控制、状态信息数据；传输层响应会话层的服务请求，并向网络层提出服务请求；传输层提供端到端、可靠的数据传输。

7.3.5　网络层

网络层提供网络寻址和分组的前向转发；网络层的协议数据单元 PDU 为传输层的协议数据单元分组（packet）；网络层响应传输层的服务请求并向数据链路层提出服务请求；该层提供信源到信宿可变长分组的、传输层请求质量的跨网络传输；网络层执行网络路由、流量控制、分段/合并与差错控制。

7.3.6　数据链路层

数据链路层的功能是在同种网络的相邻节点之间提供数据帧的可靠传输。数据链路层具体操作规程主要包括网络层数据包分段，分段数据成帧［包含用于传输的起始标志、用于寻址的数据链路层地址、用于控制的控制字、用于流量控制（即停止等待/滑动窗口）的帧序号、用于检错的校验码］，发送/接收方的发送/接收。数据链路层功能主要包括：访问控制（access control）、成帧/分段（framing/scgmenting）、物理寻址（physical addressing）、差错控制（error control）和流量控制（flow control）。

7.3.7　物理层

物理层的功能是在传输介质上提供原始比特（raw bits）的传输。物理层面向传输介质提供机械、电气和功能、规程接口；机械接口主要包括接口的几何尺寸、插孔芯数和排列方式等，电气接口主要包括发送/接收器的输出/输入阻抗、传输介质的阻抗、原始比特的信号调制、开始/结束控制比特的信号调制、最大传输速率等，功能接口主要包括机械接口中插座线的定时、控制、数据和接地等功能的规定，规程接口主要指原始比特流传输中的传输方式及其执行顺序。

7.4　接口与总线

接口与总线使用的广泛性使其概念具有极大的灵活性。接口连接两种总线并实现两种总线上表示数据的信号之间的转换；总线连接不同功能模块或设备，采用总线信号（控制、信息和状态）实现功能模块之间的数据交换；一般意义上的接口和总线是指总线连接的接口之间的数据交换，故接口与总线对偶呈现。

接口与总线主要涉及以下要素。

（1）总线结构与通信拓扑：主要指连接功能模块的总线结构；总线上的数据传输都在同一个信道上进行；总线结构分为逻辑结构和物理结构，逻辑结构指总线连接的逻辑功能（微处理器与存储器、外部设备等），物理结构指逻辑功能的物理实现中涉及的芯片片内、芯片片间、外部设备间等；通过总线的通信具有与总线结构对应的通信拓扑。

（2）接口的机械定义：指插座结构及其物理尺寸。

（3）接口与总线的电气定义：指插座管脚和信号传输线的功能与信号波形对应。

（4）接口与总线的逻辑及其操作规程定义：数据、控制和状态的表示，传输时序、数据帧及其寻址。

总线传输中根据是否有时钟信号线分为同步总线和异步总线（由内部定时机制保证一帧传输的定时精度）；总线按是否具备数据比特的并发性分为并行总线和串行总线；从总线信号上信号的传输方式看，分为对地平衡模式（差分模式）和单端接地的非平衡模式两种。

7.5 I2C 总线

7.5.1 拓扑连接

I2C 采用总线型拓扑结构，其每个 I2C 接口的 SCL、SDA 管脚与 I2C 总线的 SCL、SDA 总线连接，形成总线型拓扑结构。总线通信时为一个主机与多个从机之间的数据传输。

7.5.2 机械定义

由于 I2C 接口一般用于板级的元器件之间的通信，因此一般未规定其专门的插头、插座等机械定义。

7.5.3 电气定义

I2C 中包括 SCL 和 SDA 两条信号线；I2C 的信号线一般采用带缓存器的开漏、开集电路实现一根线路的双向通信（半双工）。由于 I2C 总线可以连接各种不同技术的器件（CMOS 等），因此其逻辑 0/1 的信号电平依赖于其连接的 VDD。一般情况下，低电平（0.3VDD）以下表示逻辑 0；高电平（0.7VDD）以上表示逻辑 1。

7.5.4 逻辑与操作规程定义

I2C 中数据以消息方式传送；消息包括开始、地址帧、读写指示位、多个数据帧与帧间应答 ACK/NACK 位、结束。I2C 消息如表 7-1 所示。

表 7-1 UART 帧结构

1	7～10	1	1	8	1	8	1	1
开始	地址	读写	应答	数据	应答	数据	应答	结束

I2C 消息中：

（1）开始：在 SCL 信号为高电平时，SDA 信号由高到低的跳变指示消息开始。

（2）地址：7 比特或 10 比特指示 I2C 从机的地址。

（3）读写：1 比特指示主机与从机的通信方式，逻辑 0/1 分别指示主机对从机进行写/读数据操作。

（4）应答：数据接收方进行准备好或未准备好的应答。

（5）数据：数据帧包括信号建立和信号取样两个阶段；在 SCL 为低电平期间，发送方按相应电气要求驱动 SDA 传输线；SCL 为高电平期间，接收方在 SDA 传输线上取样信号。

（6）结束：在 SCL 信号为高电平时，SDA 信号由低到高的跳变指示消息结束。

7.5.5　地址定义

I2C 地址由 I2C 委员会管理；另外，I2C 地址中的"0000×××"和"1111×××"为保留地址，具体情况如表 7-2 所示。

表 7-2　I2C 保留地址

从机地址	读写	描述
0000000	0	通用调用地址
0000000	1	START 字节
0000001	×	CBUS 地址
0000010	×	其他总线格式
0000011	×	未来使用
00001××	×	Hs 模式主机码
11111××	1	设备 ID
11110××	×	10 比特从机地址

7.6　小　　结

开放系统互联参考模型是异构系统之间的互联互通，TCP/IP 协议簇是互联网采用的开放系统互连互通模型。总线一般是功能模块之间在同一信道上进行数据通信的系统，总线一般可对应为开放系统互联参考模型中的物理层。

第8章 工程伦理

8.1 引　　言

构建"意识-规范-能力"三位一体体系；深入理解工程伦理相关概念和理论，培养学生的工程伦理意识；系统把握工程伦理的基本规范，掌握具体工程领域的伦理规范要求；全面提高工程伦理的决策能力，以解决工程实践中的复杂伦理问题。

人类的工程实践不仅是一种改造自然的技术活动，还是一种关涉人、自然与社会的伦理活动，这成为"工程伦理"作为一门学科建立和发展的现实背景。工程伦理关注的是工程实践中出现的特定伦理问题和伦理困境，通过践行并不断完善伦理规范和规则来实现"有限的伦理目标"，为应对工程中出现的具体伦理问题提供指导。

8.2　工程与伦理

8.2.1　科学、技术与工程

科学、技术和工程三者之间，科学是发现自然界的规律；技术是发明实现某种功能的手段；而工程是对自然和社会某方面的具体实践改造。技术以科学为基础，工程以技术为手段。

狭义意义上的工程，是以满足人类需求的目标为指向，应用各种相关的知识和技术手段，调动多种自然与社会资源，通过一群人的相互协作，将某些现有实体（自然的或人造的）汇聚并建造为具有预期使用价值的人造产品的过程。

工程过程包括规划、设计、建造、使用/运行、结束等五个阶段的生命周期过程，工程的设计和建造是工程实践的两个重要环节。

工程的社会性是指工程的目的是人能更好地生活，这种造福人类社会的目标具有社会性。

工程的探索性是指工程活动为有意识、有目的的活动，而实现工程的知识和技术是不完备的，因此工程实践的后果具有不确定性。

工程活动的维度主要包括哲学、技术、经济、管理、社会、生态、伦理等。

8.2.2 伦理

伦理是道德方面的哲学思考。道德强调个人遵循规则，而伦理强调依据规范处理自然、人和社会之间的关系。

伦理立场主要包括功利论（聚焦"行为的后果"）、义务论（关注"行为的动机"）、契约论（社会协议）和德性论（以"行为者"为中心）。

伦理困境主要指价值标准的多元化以及现实的人类生活本身的复杂性，导致在具体情境之下的道德判断与抉择的两难困境。

伦理选择主要指自主与责任的关系、效率和公正的关系、个人与集体的关系、环境与社会的关系等。

8.2.3 工程实践中的伦理问题

分析工程活动的行动者网络[28]：第一个维度为不同类型的行动者之间的交互作用——工程共同体；第二个维度为同一类型的行动者之间的交互作用——工程师共同体。厘清行动者网络中各利益相关者的利益诉求，建立相对公正的行为规范和伦理准则，尽量减少或消除这种冲突，正是工程伦理所致力解决的问题，即如何处理工程实践中的伦理问题。

工程伦理问题主要包括环境伦理、责任伦理、利益伦理、技术伦理。

工程伦理问题的特点：与发展阶段相关的历史性、与多利益主体相关的社会性、与多影响因素交织的复杂性。

8.2.4 如何处理工程实践中的伦理问题

工程实践中伦理问题的辨识包括：何者面临工程伦理问题；何时出现工程伦理问题。

处理工程伦理问题的基本原则主要包括人道主义原则、社会公正原则和人与自然和谐发展原则，即要处理好工程与人的关系、工程与社会的关系、工程与自然的关系。

在应对工程伦理问题时，其基本思路是：首先，要培养工程实践主体的伦理意识。其次，利用伦理原则、底线原则和相关具体情景等解决工程实践中的伦理问题。最后，根据工程实践中遇到的新伦理问题完善相关伦理准则和规范，并逐步建立遵守工程伦理准则的相关保障制度。

8.3 工程中的风险、安全与责任

8.3.1 工程风险的来源与防范

工程的性质决定其总伴随风险；与自然系统不同，工程系统是根据人类需求创造出来的人造物；工程系统包含自然、科学、技术、社会、政治、经济、文化等因素，是一个复杂有序的系统。从耗散结构理论视角看，如果不对工程系统进行定期维护与保养或受到因素干扰时，工程系统就会从有序走向无序，而有序到无序就会带来风险。风险是潜在隐患可能发生的趋势，而事故则是发生的隐患。

风险来源：工程中技术因素的不确定性（零部件老化、控制系统失灵、非线性作用引发）；工程外部环境因素的不确定性（气候条件、自然灾害）；工程中人为因素的不确定性（工程理念是整个工程成败的关键，施工质量的好坏也是影响工程风险的重要因素，操作人员渎职同样会造成极大的工程风险）。

工程风险的可接受性：由于工程系统不确定因素的存在，无论工程规范如何完善都无法把风险降为零，因此，对待工程风险只能将其控制在人们可接受范围内。这就需要对风险的可接受性进行分析，界定安全等级，对不可控的意外风险制定预警机制和应急预案。

工程风险的相对可接受性：风险的概念是指 "对人的自由或幸福的一种限制或侵害（哈里斯）""对发生负面效果的可能性和强度的一种综合测量（劳伦斯）"；工程风险涉及人的身体状况的伤害和经济利益的侵害。工程风险的相对可接受性指人们在生理和心理上对工程风险的承受和容忍程度，工程风险的可接受性因人而异。

工程安全等级划分：安全等级的划分具有重要经济意义，如果定得过高（缺乏精细分析）会造成一定的浪费，反之则增加工程风险的概率，因此给出一个符合实际的安全等级是非常必要的。

工程风险的防范与安全：

（1）工程质量的监理与安全：工程质量监理是对施工过程进行检查、监督和管理，消除影响工程质量的不利因素，使工程项目符合合同、图纸、技术规范和质量标准等要求的服务活动。

（2）意外风险控制与安全：事故预防包括对重复性事故的预防（分析已发生事故、寻找事故原因与关系、提出防止措施）和对可能出现事故的预防（预测哪些危险因素组合可能导致哪类事故发生、模拟事故发生过程、提出消除危险因素的方法）；建立工程预警系统是预防事故发生的有效措施；意外风险的应对通常采取的措施包括风险回避、风险转移、风险遏制、风险化解、风险自留等。

（3）事故应急处置与安全：有效应对工程事故需要事先准备完善的事故应急预案，以便迅速、有序开展应急救援行动，降低人员伤害，减少经济损失。制定应急预案应遵循"预防为主、防治结合，快速反应、积极面对，以人为本、生命第一，统一指挥、协同联动"的原则。工程风险需要社会力量参与，这样才能从根本上预防和处理工程事故；应加强公民防灾培训教育和演练，提高公民防灾意识和自救能力；积极发动民间志愿者和志愿组织有序参与救援行动。

8.3.2　工程风险的伦理评估

在工程风险的评价问题上，有人认为这是一个纯粹的工程问题，仅仅需要思考"多大程度的安全是足够安全的"就可以。实际上，工程风险的评估还牵涉社会伦理问题，其核心是"工程风险在多大程度上是可接受"的伦理问题，核心是工程风险可接受性在社会范围的公正问题，因此需要从伦理学视角对工程风险进行研究和评估。

工程风险的伦理评估原则如下。

（1）以人为本：充分保障人的安全、健康和全面发展；具体操作中需加强对弱势群体的关注，重视公众对风险信息的及时了解，尊重当事人的"知情同意"权。

（2）预防为主：需充分预见工程可能产生的负面影响；加强安全知识教育，加强日常安全隐患排查。

（3）整体主义：工程需受社会环境和生态环境制约，其也会对社会环境和生态环境造成影响，需要从社会整体和生态整体的视角来评估工程的影响。

（4）制度约束：建立健全安全管理的法规体系；建立并落实安全生产问责机制；建立媒体监督制度。

工程风险的评估途径如下。

（1）专家评估：根据幸福最大化原则，利用成本-收益分析法分析，标准为在可选择的情况下伤害的风险至少等于产生收益的可能性。

（2）社会评估：从民众切身利益息息相关的方面进行评估，与专家评估互补。

（3）公众参与：作为工程的直接承受者，风险评估中需要公众的参与才能知道其真实需求，评估才能起到真正效果；可采用现场调查、网上调查、论证会、座谈会、听证会等方法。

工程风险的伦理评估方法如下。

（1）评估主体：包括参与工程政策、设计、建设、使用的内部评估主体和专家学者、民间组织、大众传媒、社会公众等外部评估主体。

（2）工程风险伦理评估的程序：信息公开；确立利息相关者，分析其中的利益关系；按民主原则组织利益相关者就工程风险进行充分协商。

（3）工程风险伦理评估的效力：以公平、和谐、战略等原则考察风险评估的效力（目标确定、实现目标的能力、目标实现的效果）。

8.3.3　工程风险中的伦理责任

"责任"概念具有多视角、多维度特征，责任按性质可分为因果责任、法律责任和道义责任等，按时间可分为事前责任和事后责任，按程度可分为必须、应该和可以等。

"责任"的要素包括：

（1）责任主体（自然人或法人）；

（2）责任对象；

（3）责任客体；

（4）规范性准则；

（5）潜在处罚责任；

（6）在某相关行为和责任领域范围之内。

伦理责任：首先，伦理责任（不同于法律责任）属于"事前责任"的范畴，具有"基于责任的意志与行动"的特征。其次，伦理责任（不同于职业责任）是为了社会和公众利益需要承担的维护公平和正义等伦理原则的责任。

工程伦理责任的主体：工程师由于直接参与工程且具有相关工程知识，因此能预先、全面、深刻了解工程成果可能带来的福利，同时也能了解工程的原理和存在的潜在风险，因此"工程师个人伦理责任"在防范工程风险上至关重要。工程往往需要科学家、设计师、工程师、建设者与投资者、决策者、管理者、验收者、使用者等的分工协作和参与，故工程责任的承担者不能仅限于工程师本人，还要涉及包括诸多利益相关者的工程共同体，即"工程共同体的伦理责任"。

工程伦理责任的类型主要如下。

（1）职业伦理责任：职业是指承担具有道德要求的某一特定社会角色，职业伦理责任包括积极向前看的、有益于客户与公众的方式使用专业知识与技能的"义务-责任"类型，消极向后看的、可将错误后果归结于某人的"过失-责任"类型，以及涉及承担某个职位或管理角色的人的"角色-责任"类型。

（2）社会伦理责任：工程师在保证职业道德的同时不应该忽视社会伦理责任，尤其是进行的工程具有不可忽视的安全风险时，工程师必须承担起社会伦理责任，对相关问题及时给予反映或揭发，使决策部门和公众能了解工程中的潜在威胁。

（3）环境伦理责任：除职业伦理责任和社会伦理责任外，工程共同体还需要对自然负责，承担环境伦理责任；在工程项目及产品、服务的整个生命周期，尤其是使用阶段需要减少对环境的负面影响。

8.4　工程价值与公正

8.4.1　工程价值

工程的价值导向性：

（1）工程是人类社会存在和发展的基础，是国家竞争实力的根本。

（2）宏观上工程对人类具有巨大的正面价值，微观上工程活动是人们自觉主动变革自然、具有强烈价值导向的实践活动。

（3）工程价值导向引出"工程为什么人服务、为什么目的服务"的伦理问题。

（4）改革开放前强调"为人民服务、为社会主义服务"的政治标准，当今形势下强调从确保工程符合公平公正等伦理原则的社会伦理视角思考工程活动的目的。

工程价值的多元性：

（1）工程服务于经济、科学、政治、社会、文化、生态等多方面应用，具有多方面价值：①科学价值。工程制造的科学仪器设备等是现代科学研究重要的基础条件。②政治价值。1980年温纳提出的纽约摩西低桥案例折射出其限制公共交通通过该桥，从而制约贫困人群和黑色人种使用琼斯海滩，政治价值的极端表现为军事价值。③社会价值。工程改善人们生活、提高生活质量，社会价值具有正负双面效应（新产业、新岗位颠覆取代旧产业、旧岗位）。④文化价值。工程为文化事业提供基础设施、物质装备和技术手段（如国家大剧院、长城、金字塔）。工程实践内涵的造福人类、不断创新、追求卓越（质量与效率）、团队合作等工程精神本身属于文化范畴，具有文化价值。⑤生态价值，如"三北防护林"环境工程等。⑥工程的最终价值取决于工程应用于什么目的，即工程的实际价值取决于社会要求和社会环境，这决定了工程"好坏"的双重效应。

（2）工程的负面作用实际上主要是人们利用工程的方向和方式不当造成的，

责任在于人类社会，而非工程本身；我们应把工程应用于促进人的全面发展、社会和谐、人类与自然协调等。

工程价值的综合性：工程一般包含多种价值，应在这些价值之间做出权衡取舍、协调优化，避免和防止片面追求某方面价值而牺牲其他方面价值；故工程能力、工程职业、工程实践、工程成果是个人、企业、社会和国家的宝贵资源和财富，如何分配和使用这种价值和资源涉及社会伦理问题。

8.4.2　工程所服务的对象及可及性

工程带来的利益如何分配属于公平公正的社会伦理问题；宏观层面为工程活动在行业、地区、企业、项目之间的分布情况，微观层面为企业内工程项目的活动情况。

目标人群（预期受益者）：作为工程活动基本单元的工程项目，将资金、技术、人力、材料等资源聚集于特定时空点，具有服务特定人群的特征，因此企业不会对所有人一视同仁；市场经济中的企业的产品开发、生产具有其特定的目标市场和目标人群，可能会依据收入、购买力、性别、种族、年龄、地域等进行分类，市场经济下工程受益人群的确定是由"无形的手——市场（产品价格配置资源）"来调控的，这就可能出现排除低购买力的贫困者的可能性，这并不符合"共享发展"理念。

可及与普惠：

（1）工业产品或服务是联系工程与社会（消费者）的纽带，其价格直接反映工程主体（企业）与工程客体/用户（消费者）之间的利益关系，此时价格不仅包含经济因素，而且包含着社会伦理；不断推进科学技术进步、努力降低产品或服务价格，是社会对工程师的期望，也是工程师的不懈追求。

（2）用户的知识和技能水平也是影响产品或服务的可及性与普惠性的重要因素，工程师须尽力降低使用工程产品的知识技能门槛和提高公众的科学技术素质。

（3）除工程或服务的"不及"外，存在"过及"的情形：应避免出现如中关村的防弹厕所，仿白宫、天安门建筑，奢侈品等"过及"情形。

8.4.3　工程实践中的攸关方与社会成本承担

邻避效应：

（1）指大多数获益，而邻近居民受负面影响的情形，居民认可这些项目的公益性和重要性，但不认可建在其邻近处。

（2）邻避效应反映了大众与项目邻近居民之间利益-损失分配上的不平衡问题。

（3）我国邻避效应的特点：集中于公共基础设施、工业建设项目；发生原因不一定是危害，可能包括居民对危害的心理担忧和风险感知；随着工业化与城市化发展，居民权利意识与风险意识、环保意识增强，邻避效应呈上升趋势。

工程活动的社会成本：

（1）随着工程活动副作用引起媒体、公益组织、政府部门和社会公众的关注，经济学开始关注经济行为的外部性问题，从而确立了社会成本/代价的理念，在企业管理中提出企业社会责任和利益相关者思想。

（2）工程的社会成本是指建设项目对社会环境造成的负面影响而产生的成本（工程的全生命周期），但社会成本又不能归入参与项目的合同方的直接或间接成本中。

（3）马克思语录：随着人类愈益控制自然，个人似乎愈益成为别人的奴隶或自身的卑劣行为的奴隶；甚至科学的纯洁光辉仿佛也只能在愚昧无知的黑暗背景上闪耀；我们的一切发现和进步，似乎结果是使物质力量成为有智慧的生命，而人的生命则化为愚钝的物质力量。

（利益）攸关方：

（1）企业管理从只强调"对股东负责"，逐渐把利益相关者也纳入管理视野。

（2）工程伦理关注的是无辜的承受者这一利益相关者。

8.4.4　公正原则在工程的实现

公正/公平又称正义，指每个主体应获得其应得的权益；公正包括"程序公正、分配公正、惩罚公正、补偿公正"四种。

基本公正原则：

（1）工程领域的分配公正。工程活动不应危及特定个体、人群的基本生存与发展需要。

（2）不同利益集团和个体应合理分担工程活动所涉及的成本、风险和效益。

（3）对应工程活动而处于相对不利地位的个人、人群，社会应给予适当的帮助和补偿。

利益补偿原则与机制：

（1）不同利益与价值追求的个人、团体在对话基础上遵循具有普遍约束力的分配与补偿原则。

（2）工程项目过程中，建立和完善对利益相关者收入提高程度及差异程度、基尼系数、恩格尔系数、公众参与度、就业率、社会保障率、民族、性别、公平程度、贫困人口数等的社会评估，项目已经完成并运行一段时间后对项目的目的、执行过程、效益、作用和影响进行系统的、客观的分析和总结，如对事前无法预测的后果与前期未考虑的公正问题引入后评估机制，扩大关注视野、开展利益相关者分析等。

公众参与的利益协调机制：保证公众的知情权，做到知情同一。为保证程序公正，吸收攸关方参加到工程的决策、建设、运营之中，实现共治和良治。

8.5 工程活动中的环境伦理

8.5.1 工程活动中环境伦理观念的确立

工业活动过程中保护环境的思路：

（1）环境伦理思想的产生与工业化进程紧密相关，是人类在对资源过度开发和环境破坏问题反思的基础上形成的。

（2）吉福德·平肖（Gifford Pinchot）提出的资源保护主义（人类中心主义）。

（3）约翰·缪尔（John Muir）提出的自然保护主义（非人类中心主义）主要包括动物福利主义、生物中心主义和生态整体主义。

（4）环境问题主要包括环境污染与生态破坏；环境保护运动催生了环境伦理思想。

工程伦理的基本思想：由人类中心主义、动物福利主义、生物中心主义、生态整体主义形成道德关怀范围不断扩大的道德境界递进关系。工程环境伦理的核心问题：

（1）是否承认自然界及其事物拥有内在价值？

（2）是否承认自然界拥有与内在价值相关的权利？

8.5.2 工程活动中的环境价值与伦理原则

工程活动中的环境影响（工程改变自然环境）：

（1）消耗能源和资源；

（2）产生废弃物、化学品或危险品；

（3）造成水、空气污染，威胁人类健康；

（4）噪声和振动的影响；

（5）排放二氧化碳引起温室效应。

工程活动中的环境道德要求：

（1）工程建设与环境保护是人类生存相互依赖的两个方面，好的工程造福人类、实现天人和谐，坏的工程损害人与环境的长远利益。

（2）好工程完全可以实现工程建设与环境保护的良性循环，其关键是工程建设过程中要体现出环境伦理意识，以良好的环境伦理意识来促进工程建设可持续发展。

工程活动中的环境价值观：

（1）好工程应将自然规律性与人的目的性有机结合。

（2）工程活动的评价需要建立既有利于人类，又有利于自然的双标尺价值评价体系。

（3）工程建设中产生的环境问题需从纯技术层面上升为伦理和法律层面。

工程活动中的环境伦理原则主要包括：道德态度上是否尊重自然的尊重原则，是否遵从环境利益与人类利益协调的整体性原则，是否未损害自然环境的不损害原则，在行为对自然环境造成损害后责任人做出必要补偿的补偿原则。

当环境伦理原则发生冲突，即人类与自然利益冲突时，需要遵循人类一切活动都应服从自然生态系统的根本需要的"整体利益高于局部利益原则"，生存需要、基本需要、非基本需要优先级的"需要原则"，当且仅当人类与自然环境同时面临生存需要时的"人类优先原则"。

8.5.3　工程师的环境伦理

工程共同体的环境伦理责任：指工程过程应切实考虑自然生态及社会对其生产活动的承受，考虑其行为是否会造成公害，是否会导致环境污染，是否浪费自然资源，要求企业公正地对待自然，限制企业对自然资源的过度开发，最大限度地保持自然界的生态平衡。

工程师的环境伦理责任：作为工程活动主体的工程师需要承担更多的伦理责任（限制与保护）。

工程师的环境伦理规范：

（1）不断提升的技术能力有助于增进人类健康和提供舒适环境。

（2）工作目标：减少原材料与能源消耗，减少废物与污染。

（3）关注、讨论项目方案与行动后果，直接与间接、短期与长期对人类健康、社会公平和当地价值系统产生的影响。

（4）有利于环境和可持续发展。

（5）项目需要关注改善和恢复受干扰的环境。

（6）拒绝牵涉不公平地破坏环境的委托，协商取得最佳的社会与政治解决方法。

（7）需要意识到生态系统内各要素之间的相互作用及其依赖性，对其影响不能超过可持续发展的阈值。

8.6 工程师的职业伦理

8.6.1 工程职业

职业的地位、性质与作用：

（1）职业是提供社会服务并获得谋生手段的工作；工程领域意义上的职业是指涉及渊博专业知识、自我管理和协调服务的工作形式；职业是承担一定社会职能的群体形式的一种社会组织。

（2）职业是社会分工而产生的，职业共同体产生于人们共同参与的活动；职业共同体对外代表整个职业，向社会宣传本职业的重要价值，维护职业的地位和荣誉；对内制定执业标准，通过研究和开发促进职业发展，出版专业杂志、举办学术会议和进行教育培训，增进从业人员的知识和技能，提高专业服务水平，并且协调从业人员之间的利益关系。

（3）职业共同体的形成为职业自治提供了现实条件；职业自治即建立职业的行为规范和技术规范。

工程社团是工程职业的组织形态：

（1）工程社团是工程职业的组织形态，也是工程职业的组织管理方式。

（2）一个行业把自身组织成为一种职业时就要制定与其工程社团的职业伦理章程相关的规范和准则，为工程师从事职业活动、开展职业行为设立"确保服务公、共、善"的职业标准。

（3）工程职业包含知识的高度专业化与关乎公众的福祉两个层面；工程师与社会之间存在一种信托关系。

（4）工程伦理章程关注促进负责任的职业行为：工程师的责任就是其在工程生活中必须履行的角色责任；工程师不仅具有作为道德代理人的一般能力（理解道德理由并按照道德理由行动），而且需对履行特定义务做出回应；工程师接受自己的工作职责和社会责任，并且自觉地为实现这些义务努力；在具体的工程活动中，工程师能明确区分道德行为正确与否，从而获得荣誉或承担责任。

工程职业制度：

（1）工程职业制度包括职业准入制度、职业资格制度和执业资格制度。

（2）工程职业资格包括：通过学历认定取得的单纯技能型从业资格范围，针对某些关系人民生命财产安全的工程职业而建立的准入资格认定制度（有严格的法律规定和完善的管理措施）的执业资格范围。

（3）工程师职业准入制度的具体内容包括高校教育及专业评估认证、职业实践、资格考试、注册执业管理和继续教育五个环节。

8.6.2　工程职业伦理

工程职业伦理的特点：

（1）伦理章程是由职业社团编制的一份公开的行为准则，它为职业人员从事职业活动提供伦理指导。

（2）伦理章程是使职业人员了解其为公众提供服务的伦理要旨；伦理章程是帮助工程师理解其职业工作的伦理内涵的指导方针；伦理章程作为职业成员的共同承诺而存在（个人责任和社会公众）。

（3）作为职业伦理的工程伦理是一种预防性伦理，预防性伦理的两个维度为"防止不道德行为"和"分析与判断各种后果在伦理上是否正当"；作为职业伦理的工程伦理是一种规范伦理；作为职业伦理的工程伦理是一种倡导工程师职业精神的实践伦理，其涵育工程师良好的工程伦理意识和职业道德素养，并将道德价值嵌入工程，帮助工程师树立职业良心、履行工程职业伦理章程，外显为工程师的职业责任感——确保公众安全、健康与福祉。

工程师职业伦理的章程包括：

（1）职业伦理在工程师之间、工程师与公众之间表达了"工程师向公众承诺他们将坚守章程的规范要求"；确保工程师在他们专业领域中的能力，且当涉及专家意见的职业领域时应保障公众的安全、健康与福祉。

（2）第一（最低）层次责任：要求工程师必须遵循职业的操作程序标准和工程伦理章程。第二层次责任："合理关照"（reasonable care），工程师需要认识到"一般公众的生命、安全、健康和福祉取决于融入建筑、机器、产品、工艺及设备中的工程判断、决策和实践"。第三层次责任：要求工程师实践"超出义务的要求"，鼓励"工程师应寻求机会在民事事务及增进社区安全、健康和福祉的工作中发挥建设性作用"。

工程职业伦理的实践指向：

（1）工程职业必须处理好个体工程师、雇主或客户以及社会公众之间的关系。

（2）伦理章程要求工程师以一种强烈的内心信念与执着精神主动承担起

职业角色带给自己的不可推卸的使命——"运用自己的知识和技能促进人类的福祉"。

（3）伦理章程表征了一种工程-社会秩序以及"应当"的工程实践制度状况，以规范的话语形式力促工程-人-自然-社会整体存在的和谐与完整。

（4）从职业伦理的角度，主动防范工程风险，自觉践履职业责任，增进可持续发展工程与人、自然、社会的和谐关系，都是工程师认同和诉求的工程伦理意识，是人给自己立法，基于这种共识，伦理章程要求工程师在具体的工作中，把施行负责任的工程实践这一道德要求变为自己内在的、自觉的伦理行为模式，主动履行职业承诺并承担相应的责任。

8.6.3　工程师的职业伦理规范

首要责任原则：

（1）"将公众的安全、健康、福祉放在首位"构成工程职业伦理规范的首要原则。

（2）对安全的义务：风险与安全关系十分密切，根据工程学和统计学的规律，一个工程项目面临越大的风险，它也就越不安全。

（3）可持续发展：职业伦理章程中的可持续发展观正是基于善的前提下人类享有应然的全面发展权利；它强调工程不能仅仅着眼于当前的物质和经济的需要，更应站在为人类安全、健康和福祉服务的基础上着眼于全面发展、生态良好、生活富裕、社会和谐。

（4）忠诚与举报：工程师背负着多种价值诉求，而这些不同的价值诉求常常将工程师拉向对立的方向，举报涉及诸多伦理问题；除了特别少见的紧急情况外，首先应当努力通过正常的组织渠道反映情况和意见，发现问题迅速表达反对意见，以通达的、体贴的方式反映情况，既可以通过正式的备忘录，也可以通过非正式的讨论，尽可能使上级知道自己的行动，观察和陈述要准确，保存好记录相关事件的正式文件。

工程师的权利和责任如下。

（1）权利：使用注册职业名称；在规定范围内从事执业活动；在本人职业活动中形成的文件上签字并加盖职业印章；保管和使用本人注册证书、职业印章；对本人职业活动进行解释和辩护；接受继续教育；获得相应的劳动报酬；对侵犯本人权利的行为进行申诉。

（2）责任：工程师必须遵守法律、标准的规范和惯例，避免不正当的行为；伦理章程严厉禁止工程师随意的、鲁莽的、不负责任的行为，规定工程师不要让个人的私利、害怕、无知、微观视野、对权威的崇拜等干扰自己的洞察力和判断力；责任有时涉及一个承担某个职位或管理角色的人，例如，对不符合适当工程标准的计划和/或说明书，工程师不应当完成、签字或盖章。

（3）权责平衡：工程师在职业活动中要达到权利与责任之间的平衡需要实践智慧，这是工程师寻求、标识工程活动中主动践履"应当"责任要求的本职行为或"能力"；工程师要平衡胜任工作和可能引发的工程风险；在工程生活中，尽管"我-他"关系不亲密，但是工程师也必须对"他"承担更为密切的责任；工程师在繁复的工程活动中要始终保持个人完整性，在工程实践与个人生活中都是一个"完整的人"。

工程师的职业美德：

（1）诚实可靠。工程师的职业活动事关公众的安全、健康和福祉，人们要求和期望工程师自觉地寻求和坚持真理，避免欺骗行为。

（2）尽职尽责。在职业伦理章程中，对工程师的责任要求具体表现在公众福利、职业胜任、合作实践及保持人格的完整。

（3）忠实服务。"诚实、公平、忠实地为公众、雇主和客户服务"已然是当代工程职业伦理规范的基本准则。

应对职业行为中的伦理冲突如下。

（1）回归工程实践以应对角色冲突：工程师受雇于企业，但工程师有自己的职业理想，需把社会公众的健康福祉放在首位。工程师作为社会公众的一员，和众多公众一样要遵守一般道德。工程师还可能是企业的管理者。工程师角色冲突的解决有赖于宏观与微观层面建立一套机制：宏观层面的工程职业建设，为问题的解决提供制度保证和理论基础；微观层面对工程师个体的道德心理进行关怀，培育工程师的道德自主性，为制度建立内在的道德基础；职业建设为解决冲突提供宏观制度背景，增强工程师个体道德自主性的实践，回归工程实践。

（2）保持多方信任以应对利益冲突：首先是公司与社会公众之间的利益冲突，其次是工程师与公司之间的利益冲突，最后是个体工程师与社会公众之间的利益冲突。"回避"利益冲突：拒绝（如拒收卖主的礼物）、放弃（如出售在供应商那里所持有的股份）、离职（如辞去公共委员会中的职务）、不参与其中（如不参加对与自己有潜在关系的承包商的评估）、披露（即向所有当事方披露可能存在的利益冲突的情形）。

（3）学会变通以应对责任冲突：责任冲突是指工程师在工程行为及活动中进行职责选择或伦理抉择的矛盾状态，即工程师在特定情况下表现出的左右为难而又必须做出某种非此即彼选择的境况。此时，工程师需要提出四类问题：第一，该行动对"我"有益吗？第二，该行动对社会有益还是有害？第三，该行动公平或正义吗？第四，"我"有没有承诺？

8.7　小　　结

工程师在面对工程问题时，不仅需要从工程技术视角分析和解决工程系统问题，更需要将工程伦理作为分析和解决工程系统问题的首要前提。

第9章 系统工程

9.1 引　　言

主体人在认识世界和改造世界的不断探索进程中，主体人的认识越深入需要考虑的因素就越多，系统的复杂度越高，主体人也越需要从方法论和系统工程的视角分析和解决系统问题。

9.2　系统工程方法论

方法是指完成一个既定目标的具体手段，包括技术、技巧和程序等。方法论是指进行探索的一般途径，方法论是对方法的指导，方法论高于方法。

系统工程方法论是指应用系统工程解决系统问题的方法探讨；系统工程方法论反映了系统工程研究和解决问题的一般规律和模式，它可以是哲学层次上的思维方式、思维规律，也可以是操作层次上开展系统工程项目的一般过程或程序。系统工程方法论不断完善是伴随着系统工程的理论与方法的不断完善发展的，这促进系统工程越来越有效地解决更多的多样化和复杂化的工程和社会问题。

系统工程方法论是针对系统问题提出的。从形成过程看，问题是一种待消除的状态差异；从心理学看，问题是为达到预定目标所需排除的障碍，即从问题的起始状态到达理想状态的过程中需要克服环境状态的障碍。人的价值观和需求的层次递增规律，以及资源有限性决定了必然会产生问题。问题的大小和复杂程度取决于人们需求的强烈程度和需求满足的程度。系统工程方法论与问题情境具有相关性。

系统工程方法论主要包括硬系统方法论（霍尔方法论）、软系统方法论、综合集成方法论和物理-事理-人理方法论等。

9.2.1　硬系统方法论

从问题的结构和特点看，一般边界清晰、目标明确、好定义的，便于观察、便于建模的问题为良结构问题或硬问题；硬系统方法论即霍尔系统工程方法论就是针对硬问题提出的一种方法论[29]。硬系统方法论是针对操作层次的系统工程方法论，硬系统方法论是美国贝尔电话公司工程师霍尔于1968年提出的系统工程时间、逻辑和专业三维结构的方法论。

从粗结构看，系统（工程项目）时间维可以划分为如下七个阶段：

（1）规划阶段，制定系统活动的规划和战略。

（2）设计阶段，提出具体的设计方案。

（3）研制阶段，提出系统的研制方案，并制定生产计划。

（4）生产阶段，生产出系统的构件和整个系统，提出安装计划。

（5）安装阶段，对系统进行安装和调试，提出系统的运行计划。

（6）运行阶段，系统按照预期目标运作和服务。

（7）更新阶段，以新系统代替旧系统，或对原有旧系统进行改进，从而更有效地工作。

从粗结构看，系统（工程项目）逻辑维需要展示出系统工程的细节结构。其可以划分为如下七个阶段。

（1）摆明问题：收集系统的相关资料和数据，进行相应的调查研究，以便把问题的历史、现状、发展趋势以及环境因素搞清楚，把握住问题的本质和要害，做到心中有数；需要进行包括物理与技术环境、经济与事务环境、社会环境等的环境调查研究，以及需求的调查研究等。

（2）确定目标：在摆明问题的前提下，应建立明确的目标体系/指标体系（指标是目标的具体化），用于衡量各方案的评价标准；目标体系/指标体系中如果存在相互矛盾的指标时，需要提出矛盾指标中的次要指标，折中兼顾。

（3）系统综合：按照问题的性质、目标、环境、条件拟定若干可能的粗略备选方案，然后反复多次完成。系统综合建立在前面两个分析的步骤上，同时为后面的分析打下了基础。

（4）系统分析：系统分析用实物模型、数学模型等代替实际系统，利用演绎和模拟代替系统的实际运行，选择参数，实现优化，从而演绎出各种备选方案。系统分析是系统工程的主要工作，所以有时有人称系统工程为系统分析。

（5）系统评价：根据方案对系统目标满足的程度、备选方案做出综合评价，将其排序后交于决策者。系统评价是又一次的系统综合。

（6）系统决策：决策是决策者选择备选方案的过程。虽然决策不是系统工程人员所做的事，但决策技术是系统工程人员研究的内容；根据决策具体情况，可能回复到上述5个阶段中的某个阶段进行修改完善或直接进入系统实施阶段。

（7）系统实施：实施是将决策者选择的备选方案付诸实施的过程。

从系统所属专业视角看，系统专业维包括理科、工科、管理等不同的专业知识。

将系统的时间维和逻辑维结合起来形成一个二维矩阵，可以清楚显示系统活动处于哪个阶段，称其为活动矩阵。

9.2.2　软系统方法论

P. B. Checkland 将工程系统要解决的问题称为"问题"，可以用数学模型寻求最优解；而将社会系统工程要解决的问题称为"议题"，它寻求满意解。但由于工程系统和社会系统对问题认识的差异性而导致了硬系统方法在社会系统中应用的局限性（目标定义困难、未充分考虑系统中人的主观因素、难以用精确的数学模型对复杂社会系统进行建模）。Checkland 针对边界模糊、目标不定、难以观测、不便建模的问题为劣结构问题或软问题提出了软系统方法论。

软系统方法论解决问题的步骤：通过系统内各成员间展开的自由开放的讨论和辩论将各种观念表达出来，在此基础上达成对系统进行改进的方案。具体为[（1）、（2）、（5）、（6）、（7）为现实世界域，（3）、（4）为系统思维域]：

（1）劣结构问题情境：人们感觉到其中有问题却不能确切定义某种环境（可能是由于未认识到问题的体系结构）。

（2）问题情境描述：明确问题情境的结构变量、过程变量以及两者之间的关系；问题情境的相关系统是与问题情境密切相关的系统观点，相关系统越丰富，对问题情境的研究越有帮助。

（3）相关系统根定义：根据分析者的观点形成相关系统的概念；不同根定义的交集形成该问题情境的"内核"；根定义规范和确定建模的范围与方向，其组成要素有系统的结果影响者 Customer、系统执行者 Actors、系统输入输出的变换 Transformation、根定义的世界观 Weltranschauung、系统所有者 Owner、系统的环境约束条件 Environmental constraints；系统客户-系统执行者-系统变换-系统根定义的世界观-系统所有者-系统环境的系统根定义（CATWOE）方法：系统所有者 O 在系统根定义的世界观 W 的规范下，使系统在系统环境 E 中，由系统执行者 A 通过系统变换 T 将输入转变为输出，并影响系统客户 C。

（4）概念模型（形成系统概念与其他系统思想的指导下）：根据根定义建立相关的概念模型，即描述根定义所定义的系统的最小活动集；概念模型不涉及实际系统的构成，其通过活动的"做"说明系统是"什么"。最后，用"形成系统概念"检验概念模型是否完备，并看"其他系统思想"是否更适合描述当前系统。

（5）（2）与（4）的比较：概念模型与现实系统进行比较的目的是发现建立的

概念模型与当前的问题或系统之间是否不同及其可能的原因，以便于持续改进；如果是多个概念系统，则应选择多数人接受的方案或多个方案的交集。

（6）可行的改革方案：根据（1）～（5）的分析，确定可行的改革方案。

（7）实施科学改革的方案：把确定的改革方案付诸行动，以改善问题情境（相当于定义一个新问题）。

9.2.3　综合集成方法论

综合集成（meta-synthesis）考虑问题的视野是系统的系统，即包含本系统又比本系统更大的系统（系统结构的层次性）。

综合集成中重点是综合，目的是创造、创新，综合高于集成；集成注重物理意义上的集中和小型化、微型化，主要根据集合、集中、集结、集聚反映量变；综合的含义更广、更深，主要根据复合、覆盖、组合、联合、合成、合并、兼并、包容、结合、融合反映质变。综合集成是在各种集成（观念集成、人员集成、技术集成、数学模型集成、管理方法集成等）之上的高度综合，又是各种综合（还原论与整体论相结合、定性研究与定量研究相结合、宏观研究与微观研究相结合、确定性描述与不确定性描述相结合、继承与创新相结合、自组织与他组织相结合、计划与市场相结合、科学研究与人文研究相结合、人机结合、老中青结合）之上的高度集成。

在方法论上与还原论相对应、相对立，又相互补充，即相反相成，对立统一；这两者应结合起来，取长补短；离开了还原论的系统论可能退化为古代的整体论。

综合集成研讨厅体系是钱学森院士提出的将科学理论、经验知识、专家判断力相结合，用半理论半经验的方法来处理具有复杂行为的系统（如社会系统、地理系统、人体系统和军事系统等复杂巨系统）的一种综合集成法的应用方法。它从整体上研究和解决问题，采取人机结合、以人为主的思维方法和研究方式，对不同层次、不同领域的信息和知识进行综合集成，达到对整体的定量认识。

综合集成法是把专家体系、数据和信息体系结合起来，构成一个高度智能化的人机结合系统；综合集成法的成功应用在于发挥这个系统的综合优势、整体优势和智能优势；它能把人的思维、思维的成果、人的经验、知识、智慧以及各种情报、资料和信息等集成起来，使多个方面的定性认识上升到定量认识。

综合集成法的理论基础是思维科学，方法基础是系统科学和数学，技术基础是以计算机为主的信息技术，哲学基础是实践论和认识论。综合集成法体现了精密科学从定性判断到精密论证的特点，也体现了从以形象思维为主的经验判断到以逻辑思维为主的精密定量论证过程。

　　综合集成法是还原论和整体论的结合，吸收了还原论和整体论的优点，同时也弥补了各自的短处。综合集成法提出了解决复杂巨系统和复杂性问题的过程性、过程的方向性和反复性。这个过程首先从提出问题和形成经验性假设开始（从思维科学角度来看这是以形象思维和社会思维为主），通过人机结合、人机交互、反复对比、逐次逼近，从而进行精密的严格论证（从思维科学角度看，这一过程以逻辑思维和辩证思维为主），要充分应用数学科学、系统科学、控制科学、人工智能、以计算机为主的各种信息技术提供的防范和手段（如系统建模、仿真、分析、优化等）。

　　钱学森院士指出：开放的复杂巨系统由于其开放性和复杂性，只能依靠宏观观察，解决一定时期的发展变化；宏观情况变化了，巨系统本身也发生变化，这时需要对方法进行新的调整。

9.2.4　物理-事理-人理方法论

　　在硬件与软件之外，还存在斡件，即为沟通思想、协调关系、建立信任感而进行的各种工作。1995 年，中科院顾基发研究员与赫尔大学朱志昌博士提出物理-事理和人理（WSR）系统方法论；上海交通大学的吴建中教授指出，系统工程用四维坐标［即空间的全局性、时间的长远性、事件的协调性和人类的群体性（人际关系）］考虑问题。硬件、软件和斡件与物理、事理和人理有异曲同工之处。

　　自然科学对物研究的物理是独立于人的意志而存在的物质客体的规律，回答有关事物是什么、能够做什么等问题；运筹学对事研究的事理是人们变革自然和社会的各种有目的的活动，即做事的道理，主要解决如何安排、运用这些事物；人文科学对人研究的人理是做人的道理，即处理好人际关系。

　　WSR 系统方法认为：在处理复杂问题时，既要考虑对象系统的物理，又要考虑对物处理的事理，还要考虑认识问题、处理问题、实施管理与决策都离不开的人理。把这三方面结合起来，利用人的理性思维的逻辑性和形象思维的综合性与创造性去组织实践活动，以产生最大的效益和效率。一个好的领导，应懂物理、明事理、通人理，即应该善于协调使用硬件、软件和斡件。

　　WSR 系统方法论的主要步骤如下。

　　（1）理解领导意图：进行愿望的接受、明确、深化、修改、完善等。

　　（2）调查分析：分析可能的资源、约束和相关的愿望等。

　　（3）形成目标：在领会领导意图、获取相关信息后形成目标。

　　（4）建立模型：模型包括数学模型、物理模型、概念模型、运作步骤、规则等，设计、选择相应的方法、模型、步骤和规则来对目标进行分析处理。

（5）协调关系：由于不同主体对同一问题、目标、方案的认识受立场、知识结构、价值观、利益、认知等影响而具有差异性，往往需要协调不同主体。

（6）提出建议：在综合物理、事理和人理后提出解决问题的可行建议（各方均需要具有一定的满意度），最后需要领导从更高层次综合、权衡是否采用。

（7）实施方案：将方案付诸实施。

9.2.5　5W1H 方法

5W1H 方法主要是采用逻辑思维从对象、目的、时间、地点、承担者和方法等维度分析问题，具体如下。

（1）干什么（What），即任务的对象是什么。

（2）为什么（Why），即任务的目的是什么。

（3）何时（When），即任务需要在什么时间（条件）做。

（4）何处（Where），即任务需要在什么环境做。

（5）谁做（Who），即任务的主体是谁。

（6）如何做（How），即任务应该如何去做，此阶段往往涉及系统模型构建等问题。

9.2.6　V 模型

V 模型适用于定义生命周期的开始至结束，以及概念、规划、设计、研制、生产、使用、维护、处置等活动过程[30]。V 模型的出发点是架构分解和定义 [（1）和（2）]，通过系统实现（3）和（4），其目标是架构集成和验证 [（5）和（6）]。

（1）系统：需求、概念、架构、设计、构建、验证和确认计划。

（2）子系统：需求、概念、架构、设计、构建、验证和确认计划。

（3）标准配置项：需求、概念、架构、设计、构建、验证和确认计划。

（4）标准配置项：验证和确认、准备下一步子系统的集成。

（5）子系统：验证和确认、准备下一步系统的集成。

（6）系统：验证和确认。

在架构分解和定义过程中需要进行架构问题调研和客户确认；在架构集成和验证过程中需要进行异常问题调研和客户确认。

V 模型中，架构分解和定义过程是一个从系统级到所有级别子系统、再到部件和标准配置项的需求、概念、架构、设计、构建、验证和确认计划不断演进与分解的过程，也是一个选择系统、子系统、部件、标准配置项的需求满足最优方案或计划的决定过程；架构集成和验证过程是一个自底向上进行标准配置-

部件-子系统-系统的集成、验证和确认过程，所有的零件、组件、部件都需要通过验证，直至最终综合出完整系统。上述渐进演化过程是基于迭代和递归思想实现的。

9.3　系统模型

研究系统要借助于模型，有了模型要进行运作，即仿真。根据仿真结果，修改模型，再进行仿真，如此反复；根据一系列仿真结果，得出现有系统的调解、改革方案或者新系统的设计、建造方案，中间还包括其他环节。

系统建模是指在对实际系统分析的基础上，通过必要的简化与抽象，建立能描述或模拟系统结构或行为过程且具有一定逻辑关系或数量关系的系统模型。

9.3.1　模型定义

模型是对实体原型系统的本质特征（构成要素、要素之间的关系、与环境之间的交换等）的抽象描述，即模式是对实体原型系统的特征要素、相关信息和变化规律的表征与抽象。通过模型可以把握实体原型系统的主要特征。建模是将实体原型系统与其抽象模型关联的过程；对于同一个系统，从不同的视角、采用不同建模方法可以建立不同的模型；同一个模型，如数学模型，给其参数和变量赋予具体的物理意义，可以描述不同的系统。

建模时需要考虑实体原型系统中的各种因素，主要包括：

（1）输入变量/外生变量（exogenous variables），也称为模型的自变量，是不属于模型描述范围的系统外部环境因素；根据输入是否可控将变量分为控制变量和干扰变量。

（2）输出变量/因变量（dependent variables），模型描述系统行为的因素，即内生变量（endogenous variables）。

（3）模型中可忽略的因素。

9.3.2　系统建模原理

1）系统建模基本理论

根据系统内部要素及其结构关系、系统与环境之间的联系是否明确，可分别采用黑箱理论、白箱理论和灰箱理论描述系统运行规律。当这些信息不明确时，可将系统内部变化与外部环境看为黑箱的黑箱理论，通过控制系统可控因素的输入、观测系统的输出来模拟系统所实现的功能，以确定系统的运行规律。当这些信息完全明确时，可以采用白箱理论描述系统的输入、输出引起状态的变化，进而描述系统规律。若这些信息部分明确时，采用灰箱理论描述系统规律。

2）系统建模原则

系统建模时，遵循以下原则：

（1）真实性（现实/准确/可靠）：建模需要立足实体原型系统，且需要准确反映实体原型系统的本质规律，系统模型需要完备的目标和约束条件两个方面。

（2）简明性：模型应简单明了地反映系统的主要特征（元素、结构与输入、输出变换）。

（3）实用性：模型需要便于用户进行处理（计算），即需要标准化与规范化（应尽量采用现有的标准形式的模型，且积极创造新的模型并使之规范化）。

（4）递归性：建模是由初步模型经过反馈不断地递归来完善模型，最后达到一定精度，且对环境因素的波动具有一定鲁棒性的系统模型。

3）系统建模步骤

对于不同的实体原型系统应该采用不同的原理建立不同的模型，但系统建模有其基本步骤。系统建模的基本步骤为：

（1）分析实体原型系统。主要分析系统范围、系统环境、系统目标、系统约束和系统模型类型。

（2）收集相关信息。根据实体原型系统的分析，进行资料收集，确保信息的正确性和有效性。

（3）找出主要因素。对于影响系统的内部因素和外部因素，需要找出关键因素，并分析因素之间的关系。

（4）找出系统变量。通过因素分析得到相应的变量，并对变量进行分类。

（5）确定变量之间的关系。根据因素之间的关系以及变量的类型确定变量之间的关系，并分析变量的变化对目标的影响。

（6）确定模型结构。根据实体原型系统的特征、建模对象和各变量之间的关系构造模型结构。

（7）检验模型效果。检验模型反映实体原型系统的可信度与精确度。

（8）完善模型。若模型反映实体原型系统的可信度与精确度下不能反映实体原型系统的原有问题，则需要检查原因并根据原因对模型的结构或参数进行改进或修正，以完善系统模型。

（9）应用模型。能真实反映实体原型系统的模型可以应用于实际，以构建人造系统等；由于环境条件可能的变化，每次应用模型时都需要对系统模型进行必要的检查。

9.3.3　系统模型分类

根据不同的分类标准对系统模型进行分类：按建模对象可划分为经济模型、社会模型和工程模型等；按对象规模可划分为微观模型、常观模型和宏观模型；按模型用途可划分为结构模型与过程模型、预测模型与决策模型、组织模型与性能模型、行为模型与最优化模型；按模型变量性质可划分为静态模型与动态模型、确定模型与随机模型、连续模型与离散模型；按模型形态/形式可划分为形象模型与抽象模型等。

形象模型（物理模型）是指采用直观与形象形式表示实体原型系统的结构与功能，并揭示系统本质与规律的模型。形象模型（物理模型）包括实物模型和模拟模型。实物模型是实体原型系统的比例版本（保留构成要素或组织活动），实体模型又可以进一步划分为抽样的实体原型系统的实体模型（抽样模型）和为便于研究而按比例伸缩的比例模型；模拟模型指根据相似性原理（包括模型与原型之间一一对应的同构与部分对应的同态）、利用容易实现的一种物理系统模拟实体原型系统，以揭示系统运行规律。

抽象模型指用数字、字符、运算符等描述实体原型系统的模型（无物理结构）。抽象模型包括概念模型、图形模型、数学模型和计算机程序模型。概念模型是主体人对实体原型系统进行思维想象（思维型）、字句定义（字句型）和完备描述（描述型）时由人的直觉、经验和知识形成的模型。图形模型是指用字符、图、表描述实体原型系统的结构和系统机理的模型，图形模型可进一步划分为结构图（描述系统构成要素之间的空间分布-结构层次-逻辑联系）、框图（用方框代表子系统从而简化对系统与子系统之间关系及运行机理的描述）、流图（反映系统内部与环境的物质-能量-信息的传递）和流程图（反映实体原型系统各项活动的逻辑步骤）。数学模型是采用数学语言对系统进行抽象与描述。数学模型可进一步划分为方程模型、概率统计模型、函数模型和逻辑模型。

形象模型（物理模型）形象生动，但参数不易改变；抽象模型参数容易改变、便于运算、能求最优解，但抽象、不易说明其物理意义；系统工程力求采用数学模型，开展定量研究，实现从定性到定量的综合集成研究。

模型库与模型体系：模型库是指各种模型的集合；模型体系是指为解决某一复杂系统问题的建模，采用模型库中不同模型的组合，以构成具有一定层次和分工的模型集合。各种模型都有其特点，构成模型体系后才能解决复杂系统的综合性问题。模型体系中，既可以利用历史数据，又可以利用最新数据；既可以进行宏观的、总量的、长期的研究，又可以进行微观的、细节的、近期的研究。同时，还可以利用德尔菲法和层次分析法（analythic hierarchy process，AHP）把定性因素量化，从而采用定性研究和定量研究相结合的方法。模型库中的模型是具有普适性的、形式上的模型；模型体系中的模型是加入了具体内容的模型；模型库中的模型之间没有联系；模型体系中的模型是为了对某一个复杂系统进行建模分析而选择的模型组合。

9.3.4 系统建模方法

建立系统是一种创造性的活动，一般方法有：分析/推理法、实验和统计分析法、情景分析法、德尔菲法等。

分析/推理法：研究的对象问题简单且足够明确时（如内部结构和特性清楚），可以根据相应的物理、化学、经济等规律，通过一般的分析、推理构造出系统模型。

实验和统计分析法：对于系统内部结构和特性不明确的实体原型系统，可以采用实验方法测量输入与输出并按一定的辨识方法得到系统模型，或通过收集数据并进行统计分析来构建系统；数据分析包括抽样调查与统计分析、时间序列分析（最小二乘法寻找拟合曲线/回归曲线并合理外推）、相关分析（最小二乘法寻找拟合曲线/回归曲线并合理外推）和横断面数据分析（如线性规划）等。

情景分析法：是设想未来行动所处的环境和状态，并预测相应的技术、经济和社会后果；情景分析法一般靠直觉、经验和逻辑推理，用于建立概念模型。

德尔菲法：是一种专家调查法，它通过多轮征询专家群体中的个人意见并进行统计分析，使专家意见的总体质量不断改善。德尔菲法构造的集体讨论模式可以起到情景分析法同样的作用，其预测的后果比会议讨论要精确，更适于预测事件何时发生，以及某个指标在未来的数值等。

1）数学建模方法

数学模型是最为重要的系统模型，根据系统模型的主要步骤，结合数学模型实际，建立数学模型的主要步骤为：

（1）明确目标。

（2）找出主要因素，明确主要变量。

（3）找出各种关系（内含的科学定律等）。

（4）明确系统的资源和约束条件。

（5）用数学符号、公式表达各种关系和条件。

（6）代入数据进行"符合计算"，检查模型是否反映所研究的问题。

（7）简化和规范模型的表达形式。

模型建立后，由于现实系统的复杂易变性往往需要修正模型，同时有时可能简化模型，其方法有：

（1）去除一些变量。

（2）合并一些变量。

（3）适当改变变量的性质。

（4）改变变量之间的函数关系。

（5）改变约束，约束越多，解越保守。

研究系统之初，先进行简单的粗模型的研究，对系统的解有系统的了解后再进行细模型的研究。

一个完整的数学模型包括目标函数和约束条件，目标函数和约束条件都是线性的代数表达式的最优化模型时为线性规划问题；线性规划主要包括"对给定的人力、物力和财力进行利润最高的规划"和"对于给定任务争取使用最少的人力、物力和财力等资源去完成，即实现成本最低"两种情况。线性规划模型可以采用单纯性法求解模型，如采用线性规划对运输问题建模。

2）模拟建模方法

采用相似性原理进行模拟模型的构建。例如，对于"多加工厂与仓库的位置"问题，可以采用力矩平衡的比拟法考虑。同时根据电路系统与机械系统的相似性，以电路元器件构建的电路系统模拟机械系统（电路振荡模拟机械振动、LC 振荡模拟单摆简谐运动）。

3）结构建模方法

结构建模方法是通过拓扑结构描述实体原型系统中各元素及其相互关系的大规模复杂系统结构特征的分析方法，其分析系统要素及其相互关系变化对系统整体性能的影响；结构建模的主要表现形式为有向图和矩阵模型。

4）过程建模方法

过程建模方法主要是针对离散时间系统的建模技术，其通过刻画实体原型系统中的实体类型、关联关系和行为规则，以实体活动过程来组织和记录系统动态过程。过程建模主要包括面向活动（描述实现系统目标的有序关联活动）、面向实体（描述系统全生命周期中引起实体状态发生变化的事件或活动）、面向决策（描述在论证—研制—生产—使用过程中所制定的相互关联的一系列决策）、面向情景（描述逐渐实现最终产品的决策环境的变化过程）、面向策略（建立与系统状态相适应的过程模型所需遵循的系统建模意图和策略）。

典型的过程建模方法包括：

（1）实体流程图。实体流程图可以表示事件、状态变化，即实体间相互作用的逻辑关系。

（2）活动周期图。描述实体在静寂与激活状态之间转移的事件活动特征。

（3）Petri 网。对离散并行系统的数学表示，适于描述异步的、并发的计算机系统模型。

5）行为建模方法

行为建模是对实体原型系统的内部机理，即系统对外界激励的响应机制的描述，其是对系统性能与效能进行数字化定量评估的基础。行为建模一般与结构建模相互依存。结构建模对系统组成进行分解，行为建模在此基础上对系统每个组分的工作过程、组分之间交互、组分与环境之间的交互进行描述。

由于行为模型语义的动态性，行为建模一般需要相应的执行引擎来解释、计算和推演行为模型中的行为建模概念，产生行为数据，以此分析系统性能与效能，实现系统的定量化评价。一般的系统建模语言提供行为建模语言（如 SysML、UML、Modelica）。另外，仿真建模语言也是以行为分析为主要目的的行为建模语言，如系统动力学、Petri 网、细胞自动机、排队网络等。

9.4　系　统　仿　真

9.4.1　概念

系统仿真（系统模拟）是根据系统分析的目的，在分析系统各要素性质及其相互关系的基础上，建立能描述系统结构和行为且具有一定逻辑关系和数学性质的仿真模型，根据仿真模型进行试验与定量分析，以获得决策所需的信息。

系统仿真的目的是在系统建成之前取得近似实际的结果，从而估计系统的行为和功能。同时，系统仿真可以了解系统部分、部分与整体之间的关系，便于方案优选；可以对假设的理论等进行检验；可以训练系统的操作人员等。

9.4.2　仿真类型

系统仿真是用实际的系统结合模拟的环境条件，或者用系统模型结合实际的环境条件，或者用系统模型结合模拟的环境条件，利用计算机对系统的运行进行实验研究和分析的方法。

当一个复杂系统无法用数学模型求解时，可以通过仿真得到系统运行的情况，从仿真中收集数据、推算系统的性能测度。仿真的两个阶段包括建立模型与对模型进行实验、运行。系统仿真包括物理仿真、数字仿真和物理-数字仿真三种；物理仿真是按相似性原理建立具有真实系统物理性质的物理模型，并在物理模型上进行实验的过程；数字仿真是建立系统的数学模型，在计算机上对数学模型进行仿真实验的过程；物理-数字仿真（半实物仿真）是仿真中同时使用物理模型和数学模型，并将它们通过计算机软硬件接口连接起来进行实验的仿真。

连续模型的数字技术需要采用差分方程模型表示其微分方程模型，仿真出的离散点采用折线连接得到的线就是连续模型的解；其精确程度由积分步长决定。

在生产管理、解决社会和经济问题中，经常遇到一些随机性质的系统仿真，采用编制程序并在计算机上仿真可以方便有效地获得解答，即计算机仿真原理。

9.4.3 系统仿真模型结构

系统仿真模型结构主要包括组成要素、变量、参量、函数关系、约束条件和目标等，一般可表达为 $E = f(X_i, Y_j)$，其中，E 为系统效益；X_i 为可控制的变量和参数；Y_j 为不可控制的变量和参数；f 为 X_i 与 Y_j 之间的关系。约束条件是指对变量的数值或资源的限制；目标为评价系统仿真成果的准则。

9.4.4 系统仿真过程

系统仿真过程主要包括：

（1）描述问题：问题是什么，需进行哪些测试来解决问题，根据求解问题的性质建立模型。

（2）是否决定采用仿真来研究系统，如果是则制定仿真研究计划。

（3）根据不同的仿真进行不同的具体操作，如果是计算机仿真那就编写程序并运行。

（4）根据仿真评估模型的有效性。

（5）系统运行，并收集运行结果用于分析和改进模型。

9.5 系 统 分 析

对于系统分析而言，系统总体效果最优，必须同时包括经济效益和社会效益。

9.5.1 概念

狭义的系统分析把系统分析作为系统工程的一个核心步骤。广义的系统分析把系统分析等同于系统工程。它研究决策者提出的整个问题，确定目标和建立方案，根据各个方案的可能结果，采用恰当的方法比较各个方案，依据专家运用系统分析做出的判断和他们的经验去处理，即通过一系列的步骤，帮助决策者建立选择方案的方法。系统分析是系统工程的重要标志。

系统分析是对研究问题进行系统、全面的分析，包括分析系统结构、性能，系统的优点、缺点、潜力、隐患，以及系统环境背景等。

系统分析由于美国兰德（RAND）公司的工作而出名，因此有"RAND 型系统分析"之称。其要素包括：

（1）目标。确定目标是系统分析的前提和要求。

（2）替代方案。试图实现目标的各种方法和途径，一般必须提出两种及其以上的方案。

（3）费用。方案实现目标所需消耗的全部资源。

（4）模型。系统方案的表达形式，对模型进行分析、计算和模拟，以获取方案的效能数字和其他信息。

（5）准则。是目标的具体化，是系统效能的度量，用以评价各种替代方案的优劣；由于兰德系统分析重视费用与效益的分析与评价，所以称为费用-效益分析或成本-效益分析。

（6）结论。系统分析人员将研究成果归结为决策者能够理解的详细适当的结论和附件。

（7）建议。根据分析结果提出的理由充分、有关行动方向的科学建议。

9.5.2　技术经济分析

技术经济分析是对技术方案的经济效益进行分析、计算和评价，从中分出技术上先进、经济上合理的优化方案，为决策工作提供科学的依据。

1）技术与经济的关系

技术：根据自然科学原理和生产实践经验，为实现一定的目的而提出的解决问题的各种操作技能、劳动工具、生产工艺或作业方法等。简言之，技术是包含劳动工具、劳动对象和劳动者劳动技能在内的总称。

经济：如经济制度、经济基础等生产关系；物质财富的生产、交换、分配和消费；节约与收支情况。技术经济分析中的经济主要指节约与收支情况。

技术与经济密切相关，相互促进、相互制约。经济发展的需要是技术进步的原动力和方向，技术进步则是推动经济发展的重要条件和手段。一方面，技术的先进性与经济的合理性是一致的（技术发展伴随着经济发展）；另一方面也存在一定的矛盾。考察技术的先进性时也要考察其合理性。

研究技术与经济之间的合理关系，寻求技术和经济协调发展的规律，是技术经济学的重要任务。

技术经济分析作为系统工程的一项内容，主要是应用技术经济学的研究成果，将系统思想和定量化系统方法相结合，服务于系统工程实践。

技术经济分析必须兼顾社会效益。

2）技术经济分析的基本指标

技术经济分析的基本指标用于衡量生产活动的技术水平和经济效益。

技术经济指标体系是与其产品、原材料、机器设备和工艺过程等相适应的。

基本指标：构成其他指标的基本要素，且是技术经济分析中需要首先考虑的指标，如产值、成本、收入、投资、价格等。

总产值：企业在一定时期内生产活动成果的货币表现。总产值等于产品数量乘以价格之和 $S = \sum_{i=1}^{N} k_i x_i$。从政治经济学看，总产值由三部分组成 $S = C + V + M$，其中，C 为已消耗的生产资料的转移价值；V 为劳动者为自己创造的价值；M 为劳动者为社会创造的价值。

净产值是企业一定时期内生产活动新创造的价值，是国民收入的基本依据。计算净产值的方法有生产法和分配法；生产法是以总产值减去生产过程中的物质消耗，表示为 $N = S - C$；分配法是从国民经济初次分配的角度出发，把净产值的各种要素直接相加之和：$N = V + M$；实际中按生产法较准确，但计算复杂；按分配法计算相对简单。

产品成本是企业制造产品发生的费用，包括消耗的生产资料和支付的劳动报酬。

销售收入：销售产品或服务后的收入，即已售出产品的价值。纯收入，即盈利，是销售收入扣除产品成本后的余额。它是产品价值中劳动者为社会创造的新价值，包括税金和利润。

投资是指为实现技术方案所花费的资金，分为固定资产投资和流动资金。固定资产：能长期使用而不改变本身的实物形态，其价值随生产过程的持续进行以其本身的折旧而逐渐转移到产品成本中去。固定资产投资：新建、改建和恢复各种生产性和非生产性固定资产所花费的资金。流动资金：用于购买生产所需的原材料、半成品、燃料、动力以及支付工资与各种活动费用的投资。其随着生产过程和流通过程的持续进行，不断地由一种形态转化为另一种形态。

价格是商品价值的货币表现。产品的价格由成本、税金和利润组成，分为出厂价格、批发价格和零售价格三种。

3）技术经济分析的若干相对指标

每百元产值占用的流动资金：年度定额流动资金的平均占用额与同期总产值之比。每百元产值占用的固定资产：固定资产平均产值与同期总产值之比。

资金利润率：利润总额与所占资金总额之比。工资利润率：利润总额与工资之比。成本利润率：利润总额与产品成本之比。产值利润率：利润总额与产值之比。

劳动生产率反映劳动者的生产能力，用劳动者在单位时间内所生产的产品数量计算，或用单位产品消耗的劳动时间计算。

4）技术经济分析的可比性

技术经济分析的可比性是指不同技术方案之间比较经济效益时所必须具备的前提条件。比较时必须满足：需求、消耗费用、价格指标和时间等方面的可比条件。

需求可比包括满足社会需求上是相当的，以及提供的数量与社会实际需求量符合两个方面。

消耗费用可比是指在计算和比较费用指标时，必须考虑相关费用，且各种费用的计算必须采取统一的原则和方法。相关费用不仅应考虑方案本身的各种费用，而且应考虑方案引起相关环节费用的变化。采用统一的原则是指各方案的费用结构和计算范围一致。统一的方法是指计算方法必须一致。

价格可比：比较时的投入费用和产出收益均是以价格计算的，所以价格必须可比，即在计算各种方案的经济效益时必须采用合理、一致的价格。合理的价格指能够反映产品价值，且各种产品之间比价合理。如果价格不合理则可以采用计算价格或理论价格代替现行市场价格；或者可采用计算相关费用法。一致的价格指价格种类一致，国民经济核算中的价格包括：当年价格、可比价格、不变价格。当年价格：报告期当年的实际价格，如 1999 年我国 GDP 为 81910.9 亿元反映的就是 1999 年以货币表现的产品和劳务总量。可比价格：指扣除了价格变动因素的价格，可以进行不同时期总量指标的比较。不变价格：以同类产品某年的平均价格作为固定价格，用于计算各年的产品价值。不变价格计算的产品价值消除了价格变动因素，不同时期对比可以反映生产的发展速度。

时间可比：对经济寿命不同的技术方案作经济效益比较时，必须采用相同的计算期作为比较基础。目前采用的计算期主要有两种：当比较方案的经济寿命有倍数关系时，采用最小公倍数；当无倍数关系时，一般采用 15 年为计算期。技术方案在不同时间内发生的效益和费用，不能将它们直接简单相加，必须考虑时间因素的影响。

9.5.3 成本效益分析

1）成本效益分析的基本概念

成本效益分析：通过成本与效益的比较选择最佳方案的方法。成本：以货币表示的各种耗费之和。效益：用成本换来的价值、功能或效果，可以用货币表示，也可以用其他指标表示。

2）成本效益分析的基本方法

定义效益 E 与成本 C 的比为 V，则选取 V 值最大的方案。

3）资金的时间价值

资金具有时间价值，即资金所有者放弃对资金的使用权而得的补偿，可以用利息来表示，利息又通过利率反映。

利率：一定时期后的利息额与本金之比，利率计算有单利法 $F = P(1 + in)$ 和复利法 $F = P(1 + i)^n$。其中，i 为年利率；n 为年数。

复利法比较符合资金在社会生产中的实际运作情况。

4）资金的等值计算

由资金的时间价值可知，同一笔资金在不同时间的数值是不等的。反过来说，不同时间点上数值不等的资金折合到同一点上可能是相等的，这种折合就是资金的等值计算。

资金的等值计算主要包括：整付本利和、整付现付、等额分付本利和、等额分付现值、等额分付积累基金、等额分付资本回收、投资回收期、单利法。

9.5.4　量本利分析

量本利分析即"产量 Q-成本 C-盈利 P 分析"的简称，又称为盈亏平衡分析或盈亏转折分析，是成本效益分析的一种专门形式。假设单位产品的价格为 k，则有 $P = kQ - C = S - c$。其中，$S = kQ$ 为销售收入，从上式可知，企业要增加盈利可以通过降低成本或增加销售收入两种途径，它们相互影响。

量本利分析是找出各种因素的最佳组合，而使企业的盈利 P 最大化。

1）固定成本与可变成本

总成本 C 包括固定成本 F 和可变成本 $V = vQ$，其中，v 为单位产品平均可变成本。

固定成本：不受产量增减的影响而相对固定的费用，如设备折旧费、企业管理费与随产量变动不明显的费用等。

可变费用：正比于产量的费用，主要包括原材料费、生产人工工资、外协件、动力费等。

半可变成本：在一定程度上是固定的，但随着生产扩大也会增加但不成正比，如照明、空调、通风等。一般根据经验将其按比例分到固定成本和可变费用中。

2）盈亏平衡图

选择产量 Q 为横坐标，选择款项 C、S 为纵坐标作图即为盈亏平衡图。

销售收入 S 和总成本 C 的交点 A 称为盈亏平衡点，A 点对应的横坐标 $Q_0 = F / (k - v)$ 为盈亏平衡产量。

3）多个盈亏平衡点问题

实际运用中，成本线和销售收入因固定成本与半可变成本而可能是阶梯线或曲线，这就造成可能出现多个盈亏平衡点。

4）经营安全率

定义经营安全率为 $A = (Q_A - Q_0)/Q_0$，其中，Q_A 为实际产量，其值大于 30% 为健康，25%～30% 为较好，15%～25% 为一般，10%～15% 为较差，小于 10% 为危险。

9.5.5 可行性研究

1）基本概念

可行性研究是在一个项目明确目标和限制条件下做出科学的回答，即项目是否实施、采用什么方案实施？

项目的建设要求：技术先进、经济合算、时间可行、发展协调。

可行性研究是项目选择和方案决策的前提和依据，是在项目工程建设开展之前进行的包括技术经济分析和成本效益分析在内的系统分析。

建设项目分为两种：通过建成后生产出来的产品出售或提供服务的收益来抵偿投资的耗费并获得盈利的自给补偿性项目，以及对社会发展带来好处的社会福利项目。

开展可行性研究注意的问题：熟悉和遵守国家相关规定；坚持科学性和公正性。

可行性研究的对象：新建、改建、扩建的项目（广义的概念）。

可行性研究的工作深度要能判定是否放弃或继续研究，直到最后做出可行或不可行的决策建议。一般采用 What、Why、When、Where、Who、How 来表示。

开展可行性研究必须有掌握各种知识的专门人才参加，相互协助配合。因此，要求承担可行性研究的单位需要有相关资质，要对其可行性报告的可靠性和准确性负责。

2）可行性研究在项目开发周期中的地位

项目开发周期分为：投资前期、投资期和运行期。

投资前期：投资机会论证（是否有建立项目的必要）、初步选择阶段（初步可行性研究）、项目论证阶段（进行详细的可行性分析和技术经济分析，形成最终可行性报告）、评价决定阶段（对最终可行性报告做出判断和决策）。

投资期：协商与签订合同阶段，主要是关于资金的借贷、原材料供应、能源供应、劳动力来源和培训、生产协作和销售等业务关系进行协商和签订合同的过程。投资期主要包括项目设计阶段、建设阶段和试运行阶段。

3）可行性研究的主要内容

可行性研究的主要内容包括：

（1）总论，如项目背景、研究工作的依据和范围。

（2）需求预测和拟建规模。

（3）资源、原材料、燃料和公共设施情况。

（4）建厂条件和厂址方案。

（5）设计方案。

（6）环境保护。

（7）企业组织、劳动人员和人员培训。

（8）实施进度的建议。

（9）投资估算和资金筹措。

（10）社会及经济效益评价。

可行性报告的内容图包括：关于生产什么、用什么生产、在什么地方生产、要什么条件生产、用什么方法生产的课题；关于市场与价格、原料、厂址、外围条件、工艺流程的研究；关于调整并确定产品规格、工厂规模、工艺流程、厂址、建设进度等的优化；关于投资与成本、物料流量均衡、现金流量与资金筹措计划等的经济分析；关于建厂效果评价的结果。

9.5.6　系统分析方法

系统分析方法主要包括德尔菲法，头脑风暴法，政治、经济、社会与技术（political，economic，social，and technological，PEST）分析法与优势、劣势、机会与威胁（strengths，weaknesses，opportunities，threats，SWOT）分析法等。

9.6　系　统　预　测

系统预测是运用科学理论、方法和各种经验、判断、知识充分分析、理解系统发展趋势与变化规律，根据系统发展的实际数据和历史资料预测未知、估计未来，以减少对系统未来认识的不确定性，指导决策行动、减少决策盲目性。

9.6.1　预测方法分类

根据预测对象/内容、时间、范围、性质/方法不同可对预测方法进行不同的分类。按预测内容系统预测分为社会、经济、技术、军事预测，按预测时间期限可分为长期、中期、短期和近期预测，按预测范围可分为微观、常观和宏观预测，按预测性质/方法分为定性与定量预测方法。

定性预测方法是以预测者对系统过去和现在的直觉（市场调查-专家打分-主观评价）、经验和分析判断对系统发展趋势与变化规律等做出预测的方法。定量预测方法主要包括专家会议法、德尔菲法、主观概率法和领先指标法（预测同步指标与滞后指标）等。

定量预测方法是在历史数据和统计资料基础上，运用数学或其他分析技术，建立可以表现数量关系的模型，并利用它来预测对象在未来的发展趋势与变化规律。定量预测方法主要包括时间/时空序列分析预测方法、因果关系预测方法和人工智能相关预测方法等。

事物在其发展变化过程中具有维持和延续原有状态的趋势，即系统的某些特征和性质随时间的延续而继续维持，因此可以根据系统对象随时间变化的历史资料，只考虑系统变量随时间的发展变化规律对其未来做出预测，这种方法即时间/时空序列分析预测方法。时间/时空序列分析预测方法主要包括移动平均法、指数平滑法和趋势外推预测法等，时空序列预测方法主要包括自相关移动平均法、时空插值法、卡尔曼滤波法和层次贝叶斯法等。

系统发展变化具有其内在的因果性，系统的存在、发展和变化都受其相关因素的制约和影响，系统的存在、发展和变化具有一定的模式；特性相近的系统在其存在、发展和变化过程中具有相似性，因此可以根据先发系统的存在、发展和变化状况推测后发系统的存在、发展和变化趋势。同时，如果找出系统变量之间存在的因果关系，建立系统模型后就可以根据自变量的变化预测因变量的变化趋势。因果关系预测方法主要有回归分析法、马尔可夫过程、状态空间预测法、计量经济预测法和系统动力学仿真法。

人工智能相关预测方法：有时相对复杂系统难以确定系统的存在、发展和变化规律，需要采用人工智能相关方法对系统进行模拟分析。人工智能相关预测方法主要是机器学习算法，如神经网络、K 最近邻算法、支持向量机、随机森林算法等。

9.6.2　系统预测步骤

系统预测遵循的理论包括系统所处学科领域的理论和预测方法相关的理论两部分。系统所处学科领域的理论用于辨识系统存在、发展和变化规律，指导预测方法的选择和结果的分析检验；预测方法相关理论主要是数理统计学理论和智能预测理论。

虽然针对不同预测对象、采用不同预测方法可能导致不同的预测过程，但系统预测仍然需要按以下步骤实施。

（1）明确预测目标：预测为决策服务；需要在系统总目标指导下，确定预测指标、预测期限、可能选用的预测方法、系统预测的基本资料和数据等。

（2）收集、整理资料和数据：根据选用的预测方法和预测指标，收集、分析、整理相关历史资料、相似系统资料、专家判断、工程经验等；同时进行调查、访问或试验，获取系统的实际数据。

（3）建立预测模型：根据系统的理论指导和选用的预测方法，选择合适的变量表达预测对象的关系，建立预测模型。

（4）模型参数估计：根据建立的数学模型和获取的样本数据，采取统计方法对模型参数进行估计（点估计与区间估计）。

（5）模型检验：为识别和确认模型的形式与结构而对模型的合理性和有效性进行检验，其包括模型结构检验和模型精度检验（模型参数、误差区间、标准离差）。

（6）预测实施和结果分析：根据通过检测的预测模型，使用已知的历史资料和实际数据进行预测，并对预测结果进行理论、经验的分析。

上述预测过程可能需要多次递归迭代，不断修正模型、补充信息、观察实验才能完成系统预测任务。

9.7　系　统　评　价

9.7.1　概念

系统评价是指利用系统工程思想，根据预定的系统目标，对系统的各个方案采用科学方法，从技术、经济、社会、财务、环境等多方面进行评价，综合评定方案优劣，从而为决策选出技术上先进、经济上合理、现实中可行的最优方案提供科学支撑。

9.7.2　系统评价分类

按照不同的分类标准可以将系统评价分为以下几种。

（1）按评价内容划分：可以分为技术评价（技术上的先进性-可靠性-安全性-生产性-维护性-通用性）、经济评价（宏观方面方案的经济和效益）、社会评价（社会分配-社会福利-劳动就业-社会稳定）、财务评价（根据财税制度-市场价格预测方案的费用和效益）、环境评价（人口增长-资源利用-环境保护的协调），以及在上述评价基础上的综合评价。

（2）按评价时间划分：包括事前评价、事中评价和事后评价。其中，事前评价为可行性评价；事中评价是指根据环境变化进行灵敏度分析，判断方案满意度，以确定方案是否继续实施；事后评价是指方案实施后对照系统目标和决策主体要求评价实施结果与预期效果是否一致。

（3）按评价中的信息特征划分：包括基于数据的评价、基于模型的评价、基于专家知识的评价等。

9.7.3　系统评价的复杂性

系统评价的目标是选择最优方案，而方案的最优性随时间、环境变化而变化，因此系统评价具有复杂性。系统评价的复杂性表现在以下几个方面：

（1）评价的多目标性：系统评价具有多目标或多指标性，多个不同的目标或指标之间不能直接进行比较。

（2）系统评价中包含定性指标：由于定性指标与主观感觉和经验有关，因此难以进行比较排序。

（3）主体人的价值观影响：由于评价指标体系和方案是由人决定的，因此人的价值观在评价中具有较大的作用，将不同的评价主体的价值观统一起来是评价的一项艰巨任务。

9.7.4　系统评价原则

由于系统评价的复杂性，为做好系统评估需要遵循以下原则。

（1）评价的客观性：为反映客观实际，评价需要注意"保证资料的全面性与可靠性，评价人员组成的代表性与全面性，防止评价人员的倾向性，保证评价人员自由发表观点，保证专家占比"。

（2）指标体系：指标体系需要反映系统目标，因此根据系统目标的多元、多层次、多时序性，评价指标也应该是多元、多层次、多时序性的。

（3）方案的可比性：方案在基本功能上具有可比性和一致性，评价时需要在综合各个指标的基础上做出评价。

针对（2）、（3）两点，可以采用数量化、归一化、综合化思想对指标体系中的各项指标进行处理。指标数量化后使量纲一元化才能达到归一化；量纲一元化的重要方法是无量纲化。将各种方案在同一项指标下加以比较，采用排队打分法，使各种方案都得到无量纲的"分"；当各项指标都有分后，采用加权平均法计算每一种方案的总分，根据总分的高低评价各个方案的优劣。

　　在解决系统问题，即构建新系统、改造已有系统或解决某一复杂问题等时，每一种可行方案都称为一个可行解，先从中区分出劣解与非劣解，淘汰劣解，保留非劣解，再进行下一步处理。

　　劣解：各项指标不优于且至少一项指标劣于另一个可行解的可行解。

9.7.5　系统评价程序

　　为保障复杂的系统评价有效进行，需要遵循以下评价程序：

　　（1）确定评价目标：评价目标是评价的依据，需要从评价系统的最优性、决策支持度、决定行为说明和问题分析等方面设置评价目标，由总体目标、分层目标和具体目标构成目标层次体系。

　　（2）提出评价方案：根据系统目标，在分析各种信息的基础上，提出评价方案并对评价方案进行说明，便于评价人员掌握。

　　（3）确定评价指标体系：根据系统目标的层次、结构、特点、类型设置评价指标体系；评价指标体系设置需要注意：评价指标与评价目标相关；评价指标构成一个完整体系；评价指标应尽可能少；指标数据的可获得性。

　　（4）选择评价模型：评价模型是进行系统评价的工具，对于具有多属性、多目标的模型，一般选择能更容易达到评价目的的评价模型。

　　（5）进行包括技术、经济、社会、财务、环境等方面的满意度评价，不满意则回到（1），满意进入（6）。

　　（6）选择实施方案：根据满意度评价选择实施方案。

9.7.6　评价指标体系构建

　　1）评价指标体系确定

　　评价指标体系一般需要考虑技术、经济、社会、财务、环境等要素后综合建立。评价指标体系一般考虑以下因素。

　　（1）技术指标：主要包括性能、寿命、可靠性、安全性、工艺、运输等。

　　（2）经济指标：主要包括成本、产值、利润、投资额、税金、流动资金占比、投资回报期、建设周期等。

　　（3）社会指标：主要包括社会福利、社会节约、综合发展、就业机会、社会安定、生态环境、污染治理等。

　　（4）资源指标：主要包括土地、能源、水源、物质、信息等。

　　（5）政策指标：主要包括政府的方针、政策、法令、法律约束、发展规划等。

　　（6）时间指标：主要包括工程进度、时间节点、周期等。

2）构建指标体系遵循的原则

指标体系作为一种对备选方案的考核依据，确定指标体系时需要遵循以下原则。

（1）整体性原则：指标体系从总体上反映备选方案，只有层次清楚、结构合理、协调一致的指标体系才能保证对备选方案评价的全面性和可信度。

（2）科学性原则：在科学理论的指导下将指标进行层次与类别划分，结合定性与定量方法，正确反映系统整体与内部要素间的相互联系。

（3）可比性原则：建立指标体系的目的是进行系统评价，因此指标体系之间要具有可比性。

（4）实用性原则：指标体系中的指标需要含义明确，且要考虑资料的可获得性，指标需符合国家与地方的方针、政策、法规、口径，计算要与通用的会计、统计、业务核算协调一致。

3）建立指标体系的方法

指标体系建立遵循相应的方法，一般可采用目标分析法、输出分析法和德尔菲法进行指标体系的建立。

目标分析法首先确定系统目标，然后通过系统目标分解建立系统的综合评价指标体系。具体步骤如下：

（1）构建系统目标。

（2）目标分解：将目标逐层分解，直至能用定性或定量指标度量。

（3）指标体系构建：根据目标分解体系构建相应的指标体系。

在系统内容、结构不清晰的情况下，往往可采用输出分析法进行指标体系的构建。输出分析法主要根据系统的技术、经济、社会、财务、环境等建立系统综合评价指标体系。

德尔菲法是通过反复征求专家意见建立系统评价指标体系的一种方法。

4）指标的权重

指标体系中，一种有效的方法是采用指标权重反映评价对象在总体评价中的重要程度，该重要程度量化为权重系数。指标权重的确定需要遵循以下原则。

（1）权重数值的取值范围应尽可能方便综合评价的计算，权重范围既需要具有一定的区分度，又需要防止过大差异而削弱某些指标价值。

（2）指标的权重数值的确定应反复、多方听取意见（可采用德尔菲法）。

（3）权重数值的分配方式应从粗略到精细，即按由顶至下的方式确定。

权重数值的确定包括主观赋权方法和客观赋权方法两种。主观赋权（专家赋权）是通过一定方法综合各位专家对指标赋权后综合统计获得指标权重的方法，其包括相对比较法、连环比率法、判断矩阵法、德尔菲法等。客观赋权法是根据指标原始数据、通过数学方法确定指标权重的方法，其包括主成分分析法、离差与均方差法、多目标规划法等。

5）指标综合的基本方法

指标综合的基本方法是加权平均法。加权平均法包括加法规则和乘法规则。假设方案 A_i 对指标 F_j 的得分为 a_{ij}，将其排列为评价矩阵，其中，ω_j 为 F_j（性能、成本、可靠性、维修性、寿命、重量、能耗等）的权重。

加法规则：

$$A_i = \sum_{j=1}^{J} \omega_j a_{ij}$$

乘法规则：

$$A_i = \prod_{j=1}^{J} a_{ij}^{\omega_j}$$

乘法规则应用的场合是各项指标取得较好的水平，不允许一项指标处于最低水平。

理想系数法（TOPSIS）：

（1）采用某种评分方法对每种方案的各项功能进行评分。

（2）计算功能满足系数：

$$f_i = \frac{F_i}{F_0}$$

（3）计算经济满足系数：

$$c_i = \frac{C_0 - C_i}{C_0}$$

（4）计算理想系数：

$$\phi_i = \sqrt{f_i c_i}$$

式中，F_0 为理想方案的总分；F_i 为第 i 个方案的总分；f_i 为第 i 个方案的功能满足系数；C_0 为基本成本；C_i 为第 i 个方案的预计成本；c_i 为第 i 个方案的经济满足系数；ϕ_i 为第 i 个方案的理想系数。

指标综合法的其他方法的基本思想是使多项指标因素归一化（除指标分层法外）。

比率法：当一个系统同时并存两项同向单调的指标因素时，可以用比率法将它们化为单一指标，即相对指标或无量纲指标。

乘除法：系统具有 n 项指标 $f_1(X) - f_n(X)$ 因素均大于 0，如果要求其中的 k 项指标达到最小，其余 $n-k$ 项指标达到最大，则可以定义 $U(X) = \dfrac{f_1(X) \cdots f_k(X)}{f_{k+1}(X) \cdots f_n(X)}$ 为单一指标，且求其最小值。

功效系数法：设系统的 n 项指标 $f_1(X) - f_n(X)$，其中，有 k_1 项越大越好，k_2

项越小越好，其余项适中。可分别为 $f_i(X)$ 指标赋以相应的功效系数 d_i，则 $D = \sqrt[n]{d_1 \cdots d_n}$ 作为单一指标，D 越大越好。

主次兼顾法：n 项指标，其中某项指标最重要，如希望 $f_1(X)$ 取极小值，那么可以让其他指标在一定约束的范围内变化，来要求其取极小值，即将问题转换为数学规划问题，即 $\min f_1(X), X \in R'$，其中 $R' = \{X \mid f_i' \leqslant f_i(x) \leqslant f_i'', i \in [2, n]; X \in R\}$。

指标规划法：系统具有 n 项指标，对每一个指标 $f_i(X)$ 预先规定了一个最优值 f_i^*，要求各指标尽可能接近最优值，这时可以用指标规划法定义某个单项指标 $U(X)$，求其极小值。$U(X)$ 的表达有多种：$U(X) = \sum_{i=1}^{I} \omega_i [f_i(X) - f_i^*]^2$ 或 $U(X) = \max_i |f_i(X) - f_i^*|$。取各理想值为各项指标分别可能达到的最优值 $f_i^* = \min_{X \in R} f_i(X)$，$i \in [1, n]$，$F^* = (f_1^*, \cdots, f_n^*)^T$；做指标向量 $F(X) = (f_1(X), \cdots, f_n(X))^T$，$U(X) = \| F(X) - F^* \|$，模的形式不同即可获得不同的最优解。

指标分层法是指把各项指标按其重要性排序，然后对第一个指标求最优解，找出最优解的集合 R_1，再在 R_1 中对第二项指标求最优解，以此类推 $f_i(X^{(i)}) = \min_{X \in R_{i-1}} f_i(X), i = 1, \cdots, n$，$R_i = \{X \mid \min f_i(X), X \in R_{i-1}\}, i = 1, \cdots, n-1$。这种方法的前提是 R_i 均不是空集，而且不止一个值；修改的方法是不一定在前一个最优解中找，而在一个宽容范围内找，即 $R_i = \{X \mid f_i(X) < f_i(X^{(1)}) + a_i, X \in R_{i-1}\}$，$i \in [1, n)$。

6）层次分析法

层次分析（AHP）法是由美国 T. L. Saaty 于 20 世纪 70 年代提出的一种多层次权重解析法。AHP 法以定性和定量相结合的方法处理各种决策因素，将人的主观判断用数量形式进行表达和处理，AHP 法本质上是一种思维方式，它把复杂问题分解成各个组成因素，又将这些因素按支配关系分组形成递阶层次结构，通过两两比较的方式确定层次中诸因素的相对重要性，然后综合专家的判断，确定备选方案相对重要性的秩序。AHP 法整体过程体现了人的决策思维的基本特征，即分解、判断和综合。

运用 AHP 法进行决策主要有四个步骤：

（1）分析系统中各因素的关系，建立系统的递阶层次结构模型。

（2）对同一层次的各元素关于上一层次中某一题准则的重要性进行两两比较，构成判断矩阵，进行层次单排序和一致性校验。

（3）由判断矩阵计算比较元素对该准则的相对权重。

（4）计算各层元素对系统目标的合成权重，并进行层次总排序和一致性校验。

将问题条理化、层次化，从而构造出一个层次分析的结构模型，即描述复杂问题的层次结构模型可以通过相对简单的组成元素分析得到。

最高层（目标层）：分析问题的预定目标或理想结果。

中间层（准则层）：涉及实现目标的所有中间环节，包括需考虑的准则、子准则等。

最底层（方案层）：表示为实现目标可供选择的各种措施、决策方案。

这种自上而下的支配关系所形成的层次结构称为递阶的层次结构。

递阶层次结构中的层次数与问题复杂度及需要分析的详细度有关，一般层次数目可以不限，但同一层次元素个数一般不宜超过 9 个。在分层次之前必须对问题有全面深入的认识。

递阶层次是 AHP 法的最简单形式，其他还有循环层次结构、反馈层次结构等。

构造两两比较判断矩阵：建立递阶层次结构模型后，上下层之间关系确定。目的是对于准则 C 的相对重要性赋予下一层元素权重，可以直接定量表示的量的权重可以直接确定，但是比较复杂的问题其权重要用导出法获得。权重导出法：a_{ij} 表示 u_i 相对于 u_j 的权重，按表指定标度进行刻画，且 $a_{ij} = \dfrac{1}{a_{ji}}$，由此获得判断矩阵。一致性矩阵：具有 $a_{ij}a_{jk} = a_{ik}$ 时称为元素的传递性。

单一准则下元素相对权重的计算：权重向量往往用于对象的排序，因此也称为排序向量。其中，主要解决两个问题：权重计算方法和判断矩阵的一致性校验。权重向量的计算采用特征根法。

一致性校验：计算一致性指标 C. I.；查表平均随机一致性指标 R. I.；计算一致性比例 C.R. = C.I./R.I.，值小于 0.1 时一致性可接受，否则需要修正；计算各元素对目标的合成权重。

两两比较的必要性：两两比较可以获得更多的比较信息，这可以得到比较合理反映决策者判断的排序，降低了判断失误的影响。

9.8　系统优化

9.8.1　概念

系统优化方法是运用数学方法研究系统的优化途径及方案，为决策者提供决策依据。系统优化的对象是组织系统的管理及其生产经营活动。系统优化的目的是寻求组织系统合理，综合运用人力、物力和财力的方案，提高系统效益，实现系统的最优目标。

美国运筹学会提出：最优化方法的研究内容是在需要对有效资源分配的情况

下做出人-机系统最优设计和操作的科学决策。最优化方法所研究的系统是在一定时空条件下、能被人操作和控制、有两个以上行动方案可供抉择而需要人们做决策的系统。最优化研究的问题是能用数量表示，与系统的活动有关且涉及规划、使用、控制等方面的问题。最优化方法的任务是在现有条件下，根据问题要求、对有关系统活动中的数量关系进行研究，并归纳为模型，运用相关原理和方法求得问题的最优途径及方案，实现预期目标。

9.8.2 系统优化特点

系统优化有以下特点：

（1）系统优化研究和解决问题的基础是最优化技术，强调系统整体最优；针对研究的系统问题，从系统观点出发，以整体最优为目标，研究各组成部分的功能及其相互关系，解决各组成部门之间的冲突，求出整体最优解，并寻求最佳解决方案付诸行动。

（2）系统优化研究和解决问题需要综合各学科的交叉方法；研究对象的多因素性和复杂性决定了最优化方法所具有的跨学科性、交叉渗透性和综合性。

（3）系统优化研究和解决问题的方法具有系统分析的特征，需要建立模型和利用计算机求解。

（4）系统优化具有实践性与广泛性。

9.8.3 系统优化模型

系统优化研究和解决问题的核心是建立和使用模型。针对实际问题建立的最优化模型需满足两个基本要求：一是完整描述所研究系统；二是适合问题研究的情况下模型尽可能简单。运用最优化方法分析和解决问题的过程实际上是一个科学决策的过程，其核心是建立最优化模型和对模型进行分析、求解。

分析和求解最优化模型的步骤：

（1）提出并形成问题，对问题进行调查分析，确定问题边界，明确问题目标，精炼问题实质及关键。

（2）建立模型，最优化模型标识的是一个能有效达成目标体系的行动系统，目标确定后就需要用数学语言描述问题、建立目标函数、分析问题所处环境、确定约束方程、探求与问题有关的决策变量等，最后选用合适方法建立最优化模型。

（3）分析并求解模型，根据模型的数学特征，选择适当求解方法求解模型。

（4）检验并评价模型，模型分析和计算出结果后，还需要通过一定方法（灵敏度分析、参数规划、相关分析等）对模型结构和基本参数进行评价，检查模型是否准确。

（5）应用或实施模型的解，即提供给决策者一套有科学依据的、能解决问题的数据、信息或方案，以辅助决策者处理问题时做出正确的决策。

由于最优化方法应用逐渐向复杂系统渗透，而复杂系统具有大量不确定因素，针对这类系统问题仅仅使用数学模型的定量分析已不能满足需求，目前逐渐向定性分析、定量分析与机器学习相结合的综合、智能优化方向发展。

主要的优化技术包括线性规划、动态规划等。

9.9　系统决策

9.9.1　概念

系统决策指在一定环境条件下，结合系统的当前状态和将来的发展趋势，依据系统的发展目标在备选方案中选取一个最优方案并付诸实施的过程。决策过程主要包括目标选择和方案选择两部分。

系统决策的构成要素主要包括：

（1）决策主体，是对各决策方案进行评价并选择的主体，可能是个人或组织。

（2）决策方案，进行决策时需要至少两个及以上的备选方案；方案包括系统目标的确定和系统属性的描述。

（3）决策目标，达到系统目标，决策后的评价以决策目标为依据。

（4）结论，无论决策主体选择什么决策方案，最后都会产生决策结果，一般通过分析决策结果来评价决策的成败。

9.9.2　系统决策原则与分类

系统决策需要遵循以下原则：

（1）可行性原则，决策提供的备选方案必须在技术上、资源上具有可行性。

（2）经济性原则，由于经济效益最大化是决策的核心，因此备选方案之间的比较需要以经济指标为核心。

（3）信息性原则，决策是一个信息高度相关的系统，决策前需利用系统内外的信息辅助决策，决策中需要利用各种信息进行定性和定量分析，决策后需要将信息共享。

（4）系统性原则，将系统与环境综合考虑才能保障决策的顺利开展和实施。

按照不同标准可将系统决策进行不同的分类：按决策目标影响程度可分为战略、战术和作业决策；按决策的结构化程度分为结构化、半结构化和非结构化决策；按决策进行的过程可分为经验决策和科学决策；按决策的可控程度可分头确定性、风险性和非确定性决策。

9.9.3 系统决策过程

针对某决策问题，系统决策应包含以下步骤。

（1）发现需要解决的决策问题，并进行决策问题确认。

（2）建立解决问题的议程。

（3）确定问题目标：目标最好是诸如效益、损失等可量化指标，决策目标需要具备完备性。

（4）搜索相关信息。

（5）分析影响问题的因素。

（6）拟定备选方案。

（7）构建系统决策模型。

（8）对各个方案的结果进行预测，选择最优方案。

（9）评价和分析决策结果。

9.9.4 系统决策模型

系统决策模型是对决策行为的抽象，反映决策的输入、输出和运行机理，辅助系统决策。建立决策模型的步骤为：

（1）分析系统内部构成要素、外部环境、系统目标、制约因素。

（2）建立系统的概念模型：决策问题的系统模型是对决策问题的抽象描述。

（3）建立决策的过程模型：过程模型用于指导决策活动的进行。

（4）建立决策的数学模型：反映系统要素间的关系。

科学决策就是选用相应的决策方法求解模型，得到系统决策最优方案的过程。

决策模型和方法主要包括主观和定量两种。主观模型和方法指决策者根据主观经验进行决策，主要包括因素成对比较法、直接给出权值法、德尔菲法、头脑风暴法、层次分析法等；定量决策和方法主要包括线性规划法、盈亏平衡分析法、信息熵法、神经网络法、模糊建模法、灰色系统理论法、最大方差法、主成分分析法等。

9.10　系统管理

9.10.1　概念

系统管理是一般系统论在组织管理中的应用。系统管理理论将实体原型系统的管理看作一般系统论中的系统，运用一般系统论分析实体原型系统的组成元素及其结构，运用控制论实施对实体原型系统中各元素及其相互作用的控制，并运用信息论研究系统元素及其相互作用的控制的信息相关问题，以提高系统元素之间的协作性，提升整个实体原型系统的运行效率。

广义上看，一般系统论对实体原型系统的分析主要涉及系统元素、系统结构、元素相互作用流程、功能与目的等；控制论对实体原型系统的控制涉及对系统元素之间相互作用的协调，以达到系统的功能与目标；信息论则涉及系统元素及其相互作用协调过程中的对象标识、信息编码、信号传输、数据处理等功能，实现系统控制的信息反馈。

系统管理利用数据编码标识系统元素，通过数据自动捕获监测被标识元素的状态及其触发的事件，对其进一步活动进行控制，实现元素之间的协作，完成相应的业务流程，实现系统管理功能。

9.10.2　实体原型系统

实体原型系统是指设计某种业务功能的现实物理系统。存在于社会中的实体原型系统均可看作一个由主体人、客体物和财三类主要元素构成的系统，这三类元素之间的相互作用构成实体原型系统的功能。

9.10.3　实体原型系统的控制

实体原型系统的控制是指对实体原型系统中的元素及其相互作用进行协调，以实现实体原型系统的功能。实体原型系统中元素之间的相互作用可认为是事件，而某个系统元素状态的改变可能触发相应的事件，一系列由系统元素状态改变触发的事件序列实现一个现实功能，以满足主体人的某种需求。

9.10.4　实体原型系统的信息化系统

实体原型系统的物理性特征决定了其元素状态改变触发的事件具有时间和空

间的局部邻域性，这种局部邻域性限制了系统元素协同的时间和空间的广域化。为拓展时间和空间的这种局部邻域性需要一种在广域空间对系统元素状态改变及其触发事件的信息共享机制，实体原型系统的信息化系统通过系统元素编码、对象标识、数据自动捕获和信息共享等技术实现系统信息的共享，从而将实体原型系统的协作控制从时间与空间的局部邻域性拓展为时间和空间的广域性。

　　以下结合泛在标识体系（ubiquitous ID architecture，UID）和 GS1 标识体系从逻辑编码、数据载体和数据共享三个层面简述实体原型系统的信息化系统。

9.10.5　逻辑编码

　　系统元素的标识是构建信息化系统的基础，称为系统元素分配标识符的模型为标识模型，如 Ucode 标识模型[31]、GS1 标识模型[32]等；一般称分配给系统元素的标识符为逻辑编码，如 uCode 编码、GS1 编码等。

　　uCode 的基本宽度是 128bit，而且可以以 128bit 为单位进行扩展。uCode 通过将其划分为子空间的域（domain）来进行管理，即作为子空间的域是 uCode 管理的单位。一个域可以是一个嵌套其他编码系统的元代码。uCode 编码由五个域组成：版本号 Version、顶层域编码 TLDc、类型域编码 CC、二层域编码 SLDc（second level domain code）和标识编码 IC（identification code），如表 9-1 所示。

表 9-1　uCode 编码结构（基本）

Version	TLDc	CC	SLDc + IC	
		1000	Reserved	
		1001	SLDc-8	IC-96
		1010	SLDc-24	IC-80
		1011	SLDc-40	IC-64
0h	0000～ffffh	1100	SLDc-56	IC-48
		1101	SLDc-72	IC-32
		1110	SLDc-88	IC-16
		1111	Reserved	

　　（1）"Version"：4bit 的 uCode 编码版本号，目前为 0000。

　　（2）"TLDc"：16bit 的顶级域名，一般由 UID 中心分配给相应的国家或行业组织等。

　　（3）"CC"：4bit 的类型域编码，其规定了后面的二层域名 SLDc 与标识编码 IC 之间的长度边界。

（4）"SLDc"：可变比特的二级域名，一般由获得顶级域名的国家、行业组织等分配给相应的企业、组织等，用于具体的标识编码系统；uCode 基本编码中为 8~88bit。

（5）"IC"：可变比特的标识编码，uCode 基本编码中为 16~96bit。

GS1 标识体系中的 GS1 标识符（identification keys）和限定符（key qualifiers）可以认为是标识编码，用于指示信息系统中的贸易项目、物流单元、物理位置、文档和服务关系等实体。例如，GS1 标识编码中采用表 9-2 中的 GTIN 标识贸易项目代码；GTIN 为全球供应链方案中提供用于定价、订货或开票等贸易项目的标识符；GTIN 包括 GTIN14、GTIN13、GTIN12 和 GTIN8 四种，对于需要 14 位的语法格式中，不足 14 位的在其左边增补 0。以 GTIN14 为例的结构如表 9-2 所示。

表 9-2　GTIN14 结构

N_1	$N_2 \sim N_i$	$N_{i+1} \sim N_{13}$	N_{14}
包装指示位	厂商识别代码	商品项目代码	校验位

GTIN14 由以下部分组成：

（1）包装指示位：1 位，如"0"表示基础定量贸易项目，"1~8"表示定量贸易项目，"9"表示变量贸易项目。

（2）厂商识别代码（company identifying number，CIN）：可变长位（7~10），指示贸易项目的提供厂商。

（3）商品项目代码（item reference，IR）：可变长度（2~5），厂商分配给商品的标识符；此部分与厂商代码合计为 12 位长。

（4）校验码：1 位，按照相关规范的校验算法极性校验所获的校验位。

9.10.6　数据载体

标识符对对象的标识通过数据载体实现，将标识符存储于数据载体，即物理承载介质中，再将数据载体与被标识对象进行物理关联（如粘贴、封装等），从而实现对象标识；对象标识后，信息系统通过数据载体相关系统对标识符进行自动捕获，并以被捕获的标识符触发被标识对象相关事件（如获取相关现场场景信息等）。根据数据载体的实现原理一般可分为 Barcode 扫描码类和射频识别（RFID）类。UID 标识体系中一般采用 RFID 方式，而传统 GS1 标识体系中的数据载体一般采用 Barcode 扫描码。

泛在标识体系数据载体（uCode 数据载体）一般指存储 uCode 编码的物理编码形式，uCode 数据载体一般采用 uCode 标签（tag）来存储，其编码由阅读器 UC 与 uCode 标签通过无线电波自动捕获（RFID）。在泛在标识体系中，存储物理 uCode 的媒介称 uCode 标签。换言之，uCode 标签是存储 uCode 的媒介，其一般与一个个体物品物理关联。因为 uCode 标签固定于可感知对象上，其受 uCode 附着或使用的对象或环境的物理特性影响，如 RFID 标签在含水物质或金属表面就无法进行通信。此外，根据使用用途，保持存储在标签中的 uCode 和附件信息可能需要机密性保护。因此，泛在标识体系并不制定唯一的使用标签，针对更多规范，泛在标识体系采用有效政策，根据标签的优点、缺点和应用要求从各种类型的标签中选取适当的标签；标签厂商可以申请标签认证，可对符合标准的标签颁发标准 uCode 标签合格证。鉴别标准分为安全类型和接口类型两种。

根据标签需要具备的安全和私密保护功能将标签分为以下七类。

（1）类型 0：具有对标签的物理缺陷或干扰引起的部分数据损伤的数据缺陷检测功能。

（2）类型 1：具有对物理复制或物理伪造数据的抵抗功能。

（3）类型 2：对非授权第三方的标签存储编码的识别预防功能。

（4）类型 3：存储在标签中的编码信息的防篡改（tamper resistance）和访问控制功能（access contro）。

（5）类型 4：与开放网络中未知节点（unidentified node）在不共享密钥的情况下建立安全通行的功能。

（6）类型 5：对载波数据、安全信息、标签操作等实施时间依赖型资源管理功能，即建立数据有效时间等。

（7）内部程序和安全信息的更新保护功能，以便于根据使用情况维持其最佳的安全状态。

根据 Ucode 通信器（ucode communicator，UC）装备的标签接口，将其分为以下四类。

（1）类型 0：如扫描码、二维扫描码等的打印标签。

（2）类型 1：如非接触式 RFID、非接触式 IC 卡等的无源 RF 标签。

（3）类型 2：有源 RF 标签。

（4）类型 3：有源红外标签。

泛在标识体系中只能采用经过认证的 uCode 标签，泛在标识体系按以下标准认证 uCode 标签：

（1）保证提供的 uCode 在标号和操作上的唯一性。

（2）满足类型 0 到类型 6 中之一的安全类型。

（3）公开与 UC 通信的技术信息。

传统 GS1 标识体系中的数据载体采用 Barcode 扫描码，典型的 GS1 数据载体有 EAN13、ITF14 和 GS1-128 等。Barcode 扫描码一般分为扫描码结构、扫描码编码表示和校验码计算等。

9.10.7　数据共享

数据共享使得实体原型系统中多终端用户之间的交互自动化成为可能。相关的终端用户需对数据结构的语法和语义有统一认识，从而通过信息网络对相关被标识对象的状态进行感知，并对状态触发的事件进行监测，以协调被标识对象之间的相互作用，实现相关业务流程。

9.11　小　　结

系统工程推动了主体人分析和解决复杂问题的能力，随着主体人认识和实践的不断深入，系统的复杂度将不断增加，从而又出现新的问题，主体人也必将进一步探索新的系统工程方法以解决系统问题。

参 考 文 献

[1] 蔡成效. 人与世界关系的实践基础之沉思. 武汉：武汉大学博士学位论文，2004.

[2] 陈九双. 试论实践在马克思主义哲学中的基础地位. 开封教育学院学报，2019，39（2）：21-23.

[3] Hebb D O. The Organization of Behavior. Cambridge：MIT Press，1988.

[4] 徐超，周家程，何国龙，等. 基于短时程突触可塑性形成的工作记忆神经元网络模型. 浙江师范大学学报（自然科学版），2019，42（1）：15-23.

[5] Zucker R S. Short-term synaptic plasticity. Annual Review of Neuroscience，1989，12（1）：13-31.

[6] Thomson A M. Molecular frequency filters at central synapses. Progress in Neurobiology，2000，62（2）：159-196.

[7] 沙泉，徐耀忠. 哺乳动物视皮层的长时程增强效应. 生理科学进展，1996，27（4）：371-373.

[8] Fang J，Zhou Y. Functional significance of transient synaptic plasticity. Advances in Biochemistry and Biophysics，2000，27（2）：174-177.

[9] 刘少林，张均田. 海马突触传递长时程增强效应中的蛋白激酶. 心理学报，1998，30（2）：224-229.

[10] 秦豪. 试论毛泽东关于概念的辩证思想. 苏州大学学报，1987，（4）：10-12.

[11] 王经伦. 逻辑范畴系统：辩证思维的基本形式. 现代哲学，1988，（3）：65-66.

[12] 费维克 K. 从概念到理念：黑格尔概念论的逻辑展开. 郭冠宇，译. 世界哲学，2022，（1）：63-74.

[13] 邓晓芒. 黑格尔辩证法为形式逻辑的奠基. 云南大学学报（社会科学版），2010，9（2）：3-7，94.

[14] 笛卡尔. 谈谈方法. 王太庆，译. 北京：商务印书馆，2017.

[15] 洛克. 人类理解论. 关文运，译. 北京：商务印书馆，2016.

[16] 子叶. 生命起源的新理论——艾根超循环理论评述. 哲学动态，1994，（3）：32-34.

[17] 苗东升. 复杂性研究的成就与困惑. 系统科学学报，2009，17（1）：1-5，23.

[18] 林松涛. 试论维纳控制论思想的哲学意义. 复旦学报（社会科学版），1991，（6）：40-44.

[19] Hartley R V L. Transmission of Information. Bell System Technical Journal，1928，7（3）：535-563.

[20] Shannon C E. A Mathematical theory of communication. The Bell System Technical Journal，1948，27：379-423，623-656.

[21] von Neumann J. First draft of a report on the EDVAC. IEEE Annals of the History of Computing，1993，15（4）：27-75.

[22] Baylis C A，Claude E. Shannon，a symbolic analysis of relay and switching circuits. Electrical

Engineering，1938，57（12）：713-723.

[23] Crocker D，Overell P. Augmented BNF for Syntax Specifications：ABNF，January 2008. https://www.rfc-editor.org/rfc/rfc5234.txt.

[24] Roy Ganor，Uri Juhasz. Operational Semantics. [2007-05-21]https://www.cs.tau.ac.il/~msagiv/courses/pa07/Operational_Semantics.pdf.

[25] Chomsky N，Chomsky Hierarchy，https://devopedia.org/chomsky-hierarchy.

[26] Stanford Encyclopedia of Philosophy. Turing Machine. [2018-09-29]https://plato.stanford.edu/entries/turing-machine/.

[27] ISO/IEC. Information technology-Open Systems interconnection-Basic Reference Model：The Basic Model. [1996-06-29]https://standards.iso.org/ittf/PubliclyAvailableStandards/s020269_ISO_IEC_7498-1_1994（E）.zip.

[28] 董恒. 工程伦理. [2019-11-29]https://env.nankai.edu.cn/2019/1116/c12950a248901/page.htm.

[29] 孙东川，林福永，孙凯. 系统工程引论. 2 版. 北京：清华大学出版社，2014.

[30] 谭跃进，陈英武，易进先，等. 系统工程原理. 北京：科学出版社.

[31] T-Engine Forum. Ubiquitous Code：ucode. [2009-07-29] http://www.uidcenter.org/wp-content/themes/wp.vicuna/pdf/UID-00010-01.A0.10_en.pdf.

[32] GS1. GS1 General Specifications. [2020-01-29]https://www.gs1.org/docs/barcodes/GS1_General_Specifications.pdf.